只要願意，
愛的力量足以讓人站立！

屹立

愛的力量　十年友成

目錄

推薦序

台新金控董事長 吳東亮

二〇一〇年台新銀行成立公益慈善基金會，延續了九二一大地震後由台新金控與PayEasy購物網合作策劃的「關懷台灣系列」。為真正幫助受災地區，我和同仁以「給魚吃不如給釣竿、教釣魚」的公益精神，和南投當地居民成功復育了魚池鄉紅茶，迄今已成為該地方的特色產業，看到他們成為地方的支持力量，心中無比感動。

自台新銀行公益慈善基金會成立伊始，這個精神即成為共同願景，由同仁提出運用平台，在捐助的同時也培養社福團體「說故事、行銷自己以及財務上對社會負責」三個「站起來的基本能力」，真正實踐「給釣竿、教釣魚」的理念。

十年來公益慈善基金會舉辦的「您的一票，決定愛的力量」網路票選活動，每年都有數百家團體參與，我們透過這個活動挹注公益資金給需要的團體，同時也培養其自立的能力，讓捐款人的善心充份發揮，並激勵團體獲得自信，相信自己可以站起來。在台新同仁的積極參與及全年關懷下，這個活動不但成為社福界的自強運動，也獲得各界資源的支持，其中台新客戶踴躍捐款的集體共善現象更令我欽佩！

做一件對人有幫助的事，只要不忘初心、落實執行，終能獲得社會的認同。

平台是金融業的服務本質，媒合供給方及需求方的資金並創造共贏，而台新銀行公益慈善基金會徹底運用這個核心能力，有效媒合了公益志業的供需雙方。猶有過之，基金會全年無休、台灣走透透來協助社福團體，除了募集物資、銷售社福團體商品外，更進行各種培力課程，教育團體自立能力。此事也獲得各界企業的響應，加入台新公益天使團，替社福團體解決困難、培養能力；他們樂於捐出技能、專業及時間，這是金錢無法取代的價值。

公益「十年友成」，靠的是眾志成城，打造並啟動了善的循環，包括社福團體不放棄理想的努力，以及其他基金會、機構、媒體與學校加入平台成為策略夥伴及天使團，與台新一同為更美好的社會理念群策群力。而「十年友成」，成的是台灣上百萬民眾的投票支持，給出的肯定與溫暖，讓我深深覺得台灣除了人們充滿善心外，在善的執行力方面更是傲視全球。

特別值得欣慰的是，由於平台有累積五屆獲得補助即畢業的規定，已畢業的團體響應義舉，成立畢業團體天使團，開始參與協助其他團體自立的偉業。本書的內容便是這十年來跟著台新平台一起走過公益實踐的十家團體，透過自述來傳達他們秉持理念與實踐奮鬥的親身歷程，以及從平台中得到的寶貴體驗，是第一線的故事及第一手的經驗分享。我相信所有關注公益事業的朋友，將可以從本書中得到「如何經營自己志業」的寶貴知識。

期望這本書可以成為後來者的教戰守策，知道「公益的終極目標是協助人們可以靠自己站起來，不但現在可以好，而且以後會更好！」

未來，公益的道路還很漫長，但因有這群人在社會的正向力量，我深信善的循環終必成為一股讓台灣向上的關鍵力量。●

推薦序

國際扶輪總社前社長
黃其光

欣逢台新銀行公益慈善基金會成立十周年，值此歡慶時刻，特申誠摯賀忱，恭喜十年有成！

我和吳東亮董事長賢伉儷認識數十年，吳董事長是位很有遠見的優秀企業家，他於一九九二年創立台新銀行，憑藉著「誠信、承諾、創新、合作」的企業核心價值和經營理念，台新集團越來越壯大，並且秉持為善最樂企業社會責任，進而於二〇一〇年成立台新銀行公益慈善基金會，投入社會關懷事業，造福社會。

台新銀行公益慈善基金會從創立之初，持續透過多元化的慷慨捐輸活動，將愛的力量傳遞出去，造福更多需要的人，回饋社會的成果斐然，廣受好評，堪為企業表率！

我和吳董事長同為扶輪社友，經常一起參加扶輪活動。在吳董事長的支持之下，台新銀行公益慈善基金會和台灣扶輪公益網建立了友好的關係，並且多次和扶輪社合作，不僅在國內，也曾為國外提供善心的贊助，將台灣的愛心和資源整合，傳遞給海內外的弱勢族群。二〇一九年捐贈筆記型電腦給古巴 Camagüey City 的慈善機構，作為教導院內孩童舞蹈的輔助器材，孩童們因而獲得良好的學習效果。二〇一七年底，安排來自美國矽谷扶輪少年服務團的中學生們，前往台新銀行公益慈善基金會在台東所合作的長青老人養護中心、仁愛之家、牧心智能發展中心、天主教善牧基金會、李勝賢文教基金會、台灣安心家庭關懷協會及豐田國小棒球隊進行探訪，讓學生們親自近距離的為不同弱勢服務，在台灣獲得此難能可貴的經驗。謝謝台新銀行公益慈善基金會能夠和扶輪社合作，共同努力對社會、社區以及弱勢團體的卓越貢獻，在此，表示由衷的敬佩和崇高的敬意！

《屹立：愛的力量十年友成》集結了十個長期參加平台活動的社福團體領導人的故事，藉由本書讓更多人了解他們長期在台灣各地默默耕耘的事蹟，同時也讓大家更了解台新銀行公益慈善基金會「取之於社會、用之於社會」的理念和實際成果，相信此書能夠幫助讀者增加對社會慈善和公益事務的認識，我們誠摯地歡迎您參與台新銀行公益慈善基金會的公益活動，加入公益服務的行列。

註：黃其光先生為現任台新銀行公益慈善基金會董事。

推薦序

大小創意齋創辦人
姚仁祿

無論是個人、是企業、是社會，都需要「利他」。

原因是什麼？

因為，「利他」是「人心淨化」，以及「人性進化」的不二法門。

為什麼「人心需要淨化」？為什麼「人性需要進化」？

答案是，為了「人類的前途」。

「人類前途」，到底有什麼嚴重的問題？

問題在「人心不淨化，人性不進化，地球就生病；地球若是久病不癒，人類就會滅亡」。

這個道理，不必要分析太多，以下的兩篇文章，說得很清楚：

其一、哈佛大學公報（The Harvard Gasetti）在二〇一五年十二月十一日，以「Sick Planet, Sick People」來說明，人類病了，所以地球病了。（註1）

其二、美國公共廣播電台（NPR）在二〇一九年六月四日，以「The 'Great Dying' Nearly Erased Life On Earth. Scientists See Similarities To Today」為題，闡述了二．五億年前，地球曾經因為溫室效應，產生了生物大滅絕，幾乎讓生物從地球上消失。科學家發現，我們現在的大氣，其組成成分，與當年極為相似，換句話說，人類

的存在，前途很危險。（註2）

簡言之，人心像水，水，本來是乾淨的，但是，水，容易溶解環境中的物質（註3）。我們人類以及地球環境都需要水才能存活，但是，水溶解了物質，因此，大自然之中，純水很少，多少都含有其他物質；要是，溶解的物質有害，本性乾淨的「好水」，就變成可以傷人的「污水」。

同樣的道理，地球上，純淨的人心，也是少的，因為，我們的心，也容易受環境的因素影響，變得污濁（貪心、易怒、無智、自大、疑心）。

人心一旦污濁，無論是「個人生活」或是社會的「政經、企業、學術、人文」等的經營，都容易失去「上善若水」的潔淨，趨向「穢水惡毒」的污濁，隨著科技的進步以及政經制度的發展，我們人類，變得更偏激狡詐，更貪得無厭、以狡辯為圓融、演參拜假敬天、藉民主排異己、藉網路抒己見。

自然界，面對水的污濁，有許多方法「轉污為淨」，主要的方法有沈澱、混凝、膠凝、過濾等；人心之水若是污染了，「由污轉淨」也有許多方法；宗教上或倫理學上，講究的是個人的「信仰與修行」，但是，影響現代世界「政經、企業、學術、人文」等極為巨大的人性污染，單靠緩慢的個人修行，不易著力；因此，現代社會，能讓企業或非營利機構，盡己力，投入「利他行動」，喚醒人性至善，是讓人心、人性「轉污為淨」的最佳方式。

為什麼？

因為，企業與非營利機構的就業（含無給職志工）人數，佔社會人口數很大的比例。

註3　註2　註1

健全企業的資源（人力、財力、品牌力、影響力等）也相對大，因此，只要認真做，企業帶頭與非營利機構合作，通過實體世界的關懷與網路世界的連結，這樣的「利他模型」，讓社會逐步「轉污為淨」的力量，會是很大的。

台灣的人心，從二〇一一年日本三一一地震台灣民間捐款額排名世界第一（註4），以及二〇二〇年新冠肺炎捐款給義大利神父六天超過一．二億台幣（註5）的實例，可以看出來，人性善良深植台灣民間。然而，台灣的小型社福團體，由於知名度小及媒體報導較弱，一般民間捐款也很難送達社福團體，讓他們完成心願。

因此，台新銀行於二〇一〇年成立「台新銀行公益慈善基金會」（註6）聚焦於「協助小型慈善社福團體」，就是期待能改變這個現象。

我有幸自始參與董事會，親自看見十年來，基金會從摸索，到熟練，從網路公益的「創新的利他模型」，變成社會協助小型慈善機構的「典範的利他模型」，內心至為感動。

愛因斯坦在一九三一年的著作「Living Philosophies」說到：「Strange is our situation here on Earth. Each of us comes for a short visit, not knowing why, yet sometimes seeming to divine a purpose. From the standpoint of daily life, however, there is one thing we do know: that man is here for the sake of other men–above all for those upon whose smiles and well-being our own happiness depends.」（中譯：我們每個人，來到地球上，都只是短暫的拜訪，處境很奇特，也都不知道為了什麼而來。但是，有的時候，我們似乎感受得到來到這裡，有著神聖的目的。特別是從每日

生活的角度來看，我們可以確知一件事：那就是，我們人生在世，絕對是為了別人，特別是那些，看到他們的微笑和幸福，就能讓我們打從內心歡喜起來的人。）

我希望，以愛因斯坦的這段話，送給基金會，做為十年賀禮，當作「台新銀行公益慈善基金會」永續引領社會「利他行動」最深層的思想基礎。

祝福！●

註4　註5　註6

推薦序

國立台灣大學社會工作學系專任教授
馮燕

歐盟執委會在世紀初即大力推動「社會創新」是未來世界的新動力，並於二〇一〇年揭櫫了社會創新的定義，為「開發公益組織、結社、社會企業的發明才能，去為尚未被政府或市場滿足的社會需求，尋找新解方。這些創意能量，亦當能帶來改變行為，以應對如氣候變遷這種重要的環境挑戰，和其他如人口、家庭、制度、經濟變化帶來的社會挑戰。而社會創新的過程本身，就具有賦能效果，並產生新的協作模式與社會關係，因而引導出更多的創新量能。」

這段不算短的文字，完全演繹了歐盟集合產官學研專家智慧，對本世紀未來發展新動力的願景，以致迄今仍被廣為接受為世界思潮、普世價值。簡單的說，「社會創新」是一個協作的過程，將來自不同領域的組織，和包括服務／產品的使用者與提供者的個人（實境或虛擬的）聚集在一起，找出解決新社會問題或改善解決舊問題的方式，從而創造公共價值。

「台新銀行公益慈善基金會」推動的「您的一票，決定愛的力量」活動，旨在協助台灣中小型社福團體「運用創新思維，利用現代科技」做公益，就是一個符合上述定義、典型的社會創新案例。

「您的一票」活動設計本身就頗具賦能效果，讓社福團體用心思考自己的工作，再到活動網站上提案，期待能獲得社會大眾的投票支持，得票多者獲得公益基金的贊助。

成果除經費外，還能得到台新銀行的跨界專才志工，協助該社福團體執行該提案，並於網路上公佈團體執行成果，再附加了提高中小型社福組織的執行力與透明度、打開知名度、與組織推廣行銷能力的效益。

這本專書是在「您的一票」活動十年來獲得捐助的近千家組織中，挑選出十個組織領導人的故事，這些領導人都是長期在台灣各地默默耕耘，協助弱勢，值得敬佩的對象；其中最年輕的三三吾鄉創辦人尹又令，更是我在台大社工系，於二〇一五年秋季班開「社會企業與創新」課堂上的應屆畢業學生，爾後亦曾邀請他回校來跟修同一門課的學弟妹分享創業經驗，帶給後輩學生很多的啟發與鼓勵。其他好幾位主角我亦曾有幸在不同場合，做過各種程度不等的互動，再次接觸他／她們的故事，讀來讓我們感受到台灣這片土地上強韌的生命力，生生不息，也讓我們深以社福人為榮。

「台新銀行公益慈善基金會」的公益活動，的確也是十年有成，把這個充分運用銀行核心能力與現有資源的創新設計，發揮到極大功能，創造多贏效果，所創造的公共價值相當值得肯定，更希望能激發更多的企業公益創新能量，為台灣社會的未來，添增溫馨又絢麗的色彩。

推薦序

病人自主研究中心執行長／立法院榮譽顧問
楊玉欣

灑入角落的光，看見善的力量

中世紀有一句諺語：「哪裡有愛哪裡就有眼睛」，不是有眼睛就能看見他人的需要，有愛才看得見別人的苦難，看得懂如何參與其中改變困境。《屹立：愛的力量十年友成》記錄了台新銀行公益慈善基金會的「看見」和參與。

台新銀行慈善公益基金會的「三個看見」

扶助中小型社福團體。這類團體的成立，經常緣起於障礙者的困難，家屬希望能聚集相似處境的人，一起發揮力量。但在剛起步時，或許不擅行銷、營運，且規模小，有些組織連聘請社工都不容易，遑論寫計畫案募集外部資源。種種因素下，團體跌跌撞撞，失敗挫折的機率極高。台新銀行公益慈善基金會選擇服務中小型社福團體，若非狀況外，就必須投入配套協力「玩真的」才行。

身心障礙團體的多元與特殊性，導致其規模多以中小團體為主，無論官能或心智障礙，從最基本的生活照護、社會融合到就學、就業、就養，或者能否終有一天，達到自立生活的目標，其所需要的協助各不相同。台新銀行公益慈善基金會陪伴他們走過十年，他們玩真的，玩很大！

身心障礙者面對物理性、態度性，制度性三層次的障礙。物理性的障礙，多數人能明白。大部分人能約略想像，看不見、聽不見、不能行走的人，面對哪些具體的障礙。態度性的障礙則源於社會大眾對於障礙者的認識不夠，而延伸出不喜歡、不想接近和不在乎等情緒，再再排除障礙者融入社會的可能。制度層面而言，因為法律制度的落後，導致障礙族群的權利受限，無法有效學習或獲得平等的發展機會；制度層次的障礙看不見也感受不到，但傷害卻最深遠。十年來，台新銀行公益慈善基金會的捐助範圍，涵蓋了這三種層次的需求。

創新慈善生態系 打造善的循環

在「您的一票」活動中，台新銀行公益慈善基金會創造新的公益慈善生態系與平台，讓社會大眾能認識、看見更多元的中小型團體，並邀請友好捐助單位共襄盛舉，為「善的力量」畫出一道生生不息的循環。每一份善意和善行，都真實支撐著一個個生命的尊嚴與意義。

行善的文化，需要社會集體的學習和創造。恭喜台新銀行公益慈善基金會十年有成，更期待台新銀行公益慈善基金會能持續創新善的知識與善的力量，幫助更多團體，為社會灌溉更堅強的正面能量，帶領集體社會看得更深更遠！

推薦序

麥肯傳播集團執行長
張志浩

台新銀行公益慈善基金會—「您的一票，決定愛的力量」，十年「友」成，也邁向第十一個年頭。

十年前，因為工作關係，協助基金會建立網站，這個契機讓我接觸了公益的世界，也因為這個因緣，覺得自己的渺小。

在這之前，自己不曾參與任何公益活動，總覺得那是有資源、有閒人的角色，而我只是汲汲營營的一個俗人。但接觸了「您的一票，決定愛的力量」公益平台後，才讓我了解到台灣這個小小的島嶼，居然有這麼多需要被關懷的人，還有這麼多無怨無悔投入慈善公益的團體及義工。而他們可能都比我還忙，還缺乏資源。了解他們付出的背後，更著實讓人動容。

這一群人，為了協助他人、關懷弱勢團體，在缺乏資源的情況下，用著極少的資源及人力，到處募款、募資源。也讓我深刻的自忖，自己如果有能力協助他們，我能做些什麼？當我知道他們用最傳統的人力宣傳方式到處募款。我想我唯一的能力是我的專業，運用行銷及數位專業，協助大家建立完整的網站、有效的維運社群達到募集資源的目的。因此開始了每年以上課的方式，協助各地公益團體。

有一年，請了一天假去台南拜訪一個協助成年憨兒（憨星兒）的公益團體，開了一整天會，討論這個團體的定位、命名並檢視所有募款管道的效率及調整。會後看到基金會的人對我的感激讓我覺得自己做的是微不足道。因為他們的投入才是真正的偉大，在參訪過程中這些年輕的義工，告訴我他們在開始參與照護憨星兒之前，必須要先學防身術，因為這些成年的憨星兒固執起來，發起脾氣是孔武有力，尤其志工中許多是女生。但是他們對於工作，仍是充滿著熱情與愛心，我只是偶爾做做公益，但是要像這些公益團體，全心、全年的投入照顧社會中的弱勢族群，才是值得令人敬佩、尊重。

這樣令人感動的案例比比皆是。台東縣私立牧心智能發展中心創辦人許秋霞，台灣媳婦，來自香港卻為這塊土地奉獻自己的全部。愛的力量是不分地域及來處。本書中十個愛心故事。只是滄海一粟，希望拋磚引玉，引起共鳴，社會大眾一起支持成為愛心天使。

台新銀行公益慈善基金會，「您的一票，決定愛的力量」這個平台是協助公益團體，在社會公益資源分配不均的情況下，能夠自己提出自己的資源需求，讓社會大眾看得到。同時這些公益團體也必須努力的讓自己的提案，得到大眾及企業的支持，投下一票，贊助這個愛的力量。受贈單位在獲得這些資源後，也必須執行他們的公益提案，並將成果在平台上向大眾報告。

這是一個公正、公平、公開、充滿著愛心的平台，請大家投入「您的一票，決定愛的力量」一起加入成為天使團，照顧、關懷、支持這些公益團體，幫助社會中真正需要被幫助的族群。

桃園市私立寶貝潛能發展中心

創辦人陳美谷主任

用早療呵護讓慢飛兒展翅

桃園市私立寶貝潛能發展中心，主要服務〇～六歲身心障礙幼童的早期療育。並與九天民俗技藝團合作成立「九天寶貝聯盟」，跨界結合音樂文化與藝術治療來實踐公益。二〇二〇年底將成立「寶貝家園」擴大服務項目，幫助更多身心障礙寶貝，開發他們的無限潛能。

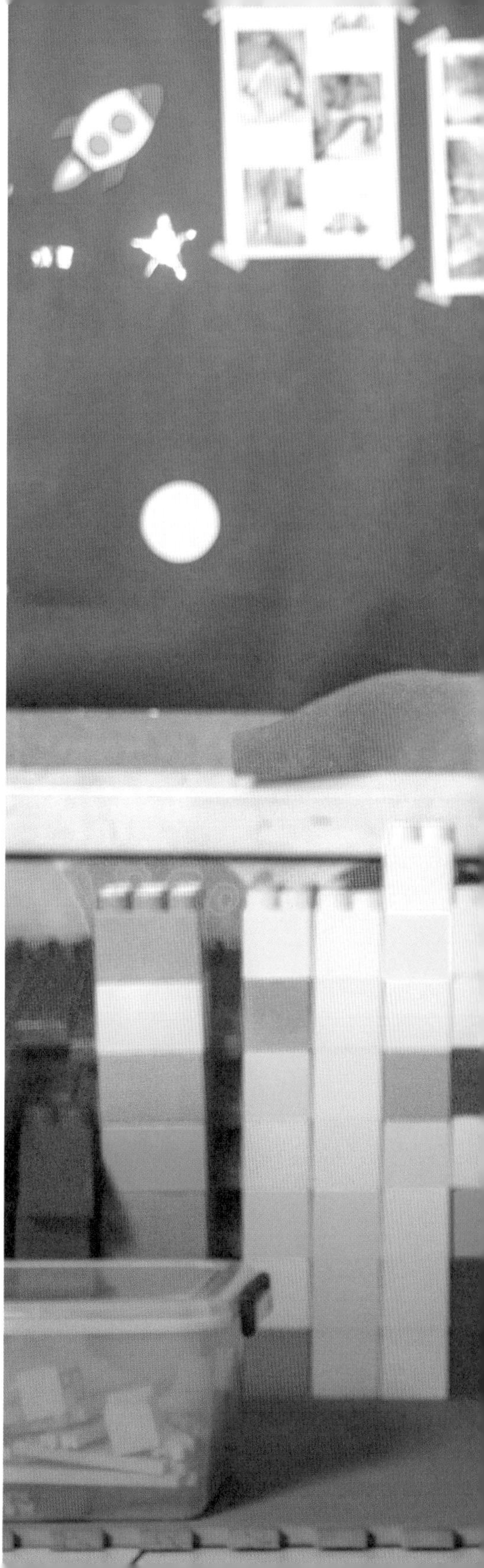

四個孩子分一份蛋餅的難題

是非題：低收入戶一家六口，有五張身心障礙手冊，其中四個小孩都得上早療中心。當你看到貧困的父親只有一份蛋餅，卻要分給四個飢腸轆轆的孩子時，你會幫忙買些食物嗎？

陳美谷說：「NO！」

她是寶貝潛能發展中心的創辦人與主任，回想起這件往事時，她握著拳頭感嘆：「當下很想多買幾份蛋餅給他們，但最後還是忍住了！因為孩子殷切渴望想吃的眼神，一定要讓爸爸看到，這樣爸爸才會去工作。我們會請社工盯著爸爸來繳費，即使每月只繳一百元也可以，且會利用催繳的方式，督促爸爸去工作，因為不能一直依賴外界協助，而且資源不會一直在，家長必須學會對孩子負責。」

陳美谷穿著靛藍色圍裙穿梭於中心的各個角落，不時要小心繞過五彩斑斕的教具或輔具。小娃娃的哭聲、喇叭傳送來的童歌，還有老師的大聲教學聲，好像交織成遊樂園的環境聲。孩子們開始咚咚咚地練習打鼓，她還是壓低嗓門說話，連眉頭也沒皺一下，充分顯示這群孩子才是這裡的主人。

寶貝潛能發展中心專職〇～六歲身心障礙幼童的早期療育，其中包含唐氏症、自閉症、腦性麻痺及多重障礙等。陳美谷發現，許多家長欠缺警覺性，多半都是孩子入學後發現有學習落後狀況，才有意識。或許受到老一輩常說：「大隻雞慢啼」的影響，以為大器晚成，只是小時候比較遲鈍，「等大漢就無代誌啊！」殊不知這種傳統的錯誤觀念，

寶貝潛能發展中心專
職〇～六歲身心障礙
幼童的早期療育。

往往錯過早療的黃金期。她語重心長地說：「許多家長很怕跨進寶貝中心的大門，因為一旦進來，就要承認孩子是中度以上的身心障礙者，怕拿身障手冊、怕孩子會被標記，怕未來會有影響……。可是如果沒有身障手冊，中心就無法協助，就會錯過早療。而身障手冊是有期限，如果孩子接受早療後，能力能提升，或許就不需要服務，當然也就不需要手冊了。」

是非題：每一種生命狀態是否都有不同的可能性？你願意花心力栽培看看嗎？

以家庭為中心，作息本位模式

寶貝中心位於桃園區農會四樓，二〇〇四年創立後就租賃於此。空間格局分為行政辦公室、三間教室、多感官教室及隔離室（孩子生病時使用），正中央最大的活動室用來上團體課，前方還有小舞台可舉辦活動。

在現場，有些孩子坐在一般小椅子、有的使用站立架、助行器或輪椅。每個孩子使用的輔具不同，老師必須與治療師討論並一一調整，有時也要替換不同輔具做練習，因此光是座椅就有四~五種。每張椅子都有不同功能，有的去掉椅背是為了訓練腰背功能，而部分搭配綁帶，是要避免重心不穩而跌倒。有時為了排解復健的辛苦，站立架的特製桌面會擺放教具或玩具，分散孩子注意力。其中一位孩子的架子下方，老師還寫了一張「女神愛你」的紙張，象徵時時刻刻的關心與陪伴。這種小技巧也讓乏味的練習更增添了人情味。

放眼望去，大多是女老師，有些拉著孩子跳跳床、跨圈圈及踩踏階，練習粗大肌肉訓練，有些則陪伴孩子進行精細動作，訓練手指的小肌肉，像是夾東西、投幣等，當然也有老師正想盡辦法要安撫嚎啕大哭的孩子。

陳美谷看著現場的遊戲說明，每種遊戲的設計都有意義，不同材質、高度、傾斜度、氣味、聲音及顏色……等，都可刺激五感，例如闖關一圈，等同復健一圈。有時老師也會帶孩子去戶外上課，到公園去曬曬太陽、做社區適應。中心也會跟不同機構合作舉辦比賽，讓孩子與家長或老師同組，藉此提升情感連結與成就感。

「我們的理念是以家庭為中心，作息本位模式。」

此處的「作息」，是指在自然情境中發生的規律性活動，從中製造孩子的學習機會。陳美谷舉例，在教室遮起簾子就可以換尿布，但我們堅持要到廁所進行，因為尿尿就是要在廁所，要在對的情境裡，做適切的事。同時也要求在廁所設置不同款式的水龍頭，安裝的廠商還以為是在故意刁難，其實沖水、按壓及旋鈕……等，都是練習，如果只選用感應式的水龍頭，就會少一次練習手部肌肉的機會。」

話鋒一轉，陳美谷開始列舉驚人的數字：「別小看這些輔具，站立架一個要新台幣七～八萬，廁所椅子加裝特製扶手就要三萬，特製馬桶椅也要十來萬，這些經費都要募款才能購買。」設備最多的是多感官教室，是為了要鼓勵孩子主動探索，裡頭配置軟墊、懶骨頭，還可鑽進隧道，感受不同的聲光效果……，儘管這些設備要價不菲，但為了療

陳美谷

靜宜大學青少年兒童福利學系、國立台北師範學院特殊教育學系碩士班畢業，2005 年 3 月 29 日創立財團法人桃園縣私立寶貝潛能發展中心。

育都會依孩子需求而陸續添購。感官教室通常有「黑屋」及「白屋」區分（註），但受限經費與場地的原故，中心目前只有白屋。

陳美谷解釋，台灣特殊教育市場萎縮，許多器材及設備要從海外訂製後再來台，自然所費不貲，不過中心的主要開銷還是在龐大的人事費用。

根據《幼兒教育及照顧法》規定，一般幼兒園師生比為一比十五，而《身心障礙福利機構設施及人員配置標準》規定，教保員與受服務人數比為一比三至一比七，而中心以一比三或四的高比例聘用教保員，就是要提供更優質的服務。目前中心共收托三十二名幼童，有大象班、河馬班、小熊班及綿羊班等四個班級，換算下來至少要聘請十至十一名教保員，另外還要聘雇專業治療師及社工等，共同評估每個孩子的程度與能力，並擬訂適當的教學方式與個別化的服務學習計畫。

教育風格上。以作息本位為基本準則，強調功能性及正向行為支持。例如孩子喜歡咬東西，老師必須仔細觀察，都是在什麼時候咬？喜歡咬的材質？找出咬東西的需求點是什麼，然後根據他的需求提供滿足，滿足後，這個行為就會消除。

老師是整個教學的規劃及執行者，也是教學的重心，更需要具備專業能力。但遺憾的是，這麼重要的人，卻不被社會重視，甚至認為有愛就不該領薪水，以至於在募集師資經費時面臨很大困難。老師是有專業背景，不是一般志工，譬如一個孩子進入中心後必須完成整體評估，並依照孩子現有能力來擬定個別化的服務計畫。要從孩子不會的部分開始教起，已經會的部份就減少協助，直到孩子能力成熟。

「其實孩子都很聰明，知道老師跟志工的差別，明明會收便當袋卻要志工幫忙，因

註：促進身心障礙學生認知學習的多感官教室有「黑屋」、「白屋」之分，黑屋利用聲光、觸覺震動等較強的刺激，誘發孩子主動表現；白屋則呈現柔和的效果，透過氣味與互動式設備幫助放鬆、穩定與增加專注力。

為他知道老師會指導他，但不會幫他做。」陳美谷笑道。

◆◆◆

發展遲緩兒童在認知、生理、語言及溝通、心理社會發展或生活自理技能等方面落後成長進度。根據衛福部統計，二〇一九年〇～六歲發展遲緩兒童的通報數達二萬六千四百七十一名，若能及早發現，透過醫療、教育及社政資源的介入及早療育，未來可以減少形成身心障礙的可能或減輕障礙的程度。〇～六歲是早期療育的黃金時期，三歲以前即接受治療，效果更可增加至十倍。

陳美谷認為，六歲之前大腦的網絡尚未建置完成，若能不斷給予刺激，網絡密集程度越高，未來發展能力會越好，可以把不可能變成可能。像小可愛（化名），剛來時還不太會走路，但現在已經走得很好。要從小訓練才有機會，也唯有學會生活技能，才能減輕家中負擔，未來才能融入社會。

近年來受到少子化的影響，幼兒園有增加收托特教孩子的意願，許多家長傾向讓發展遲緩幼童與一般孩子相處，但幼兒園未必可提供專業特教品質，做到個別化的照顧。而部分社經地位高的家庭，有時會聘請特教老師到家中服務，力求孩子獲得全面的照顧。但聘請家教，孩子將缺乏同儕互動及學習。但陳美谷成立財團法人的原因，是希望「中心根據政府規定收費，不會因經濟程度而提供不同待遇，在這裡每個人都是公平的。」

令人意外的是，陳美谷發展早療的鴻鵠之志，其實是出社會後才被激發。

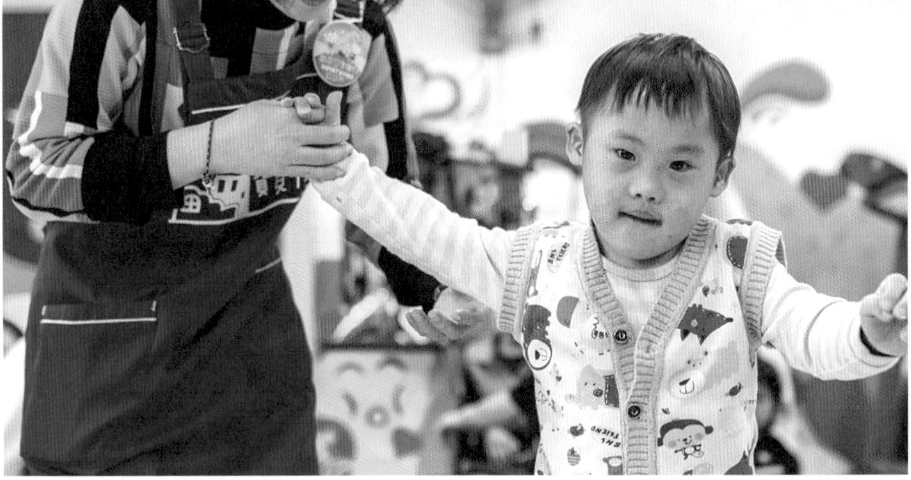

孩子進入中心後必須完成整體評估，並依照孩子現有能力來擬定個別化的服務計畫。

「大學時，我是沒有目標地讀書，時常翹課，還差點被二一。」

陳美谷就讀靜宜大學青少年兒童福利學系，畢業後的第一份工作是幼兒園老師，在沒有特教背景下，開始教導發展遲緩幼童的「寶貝班」，並且很快找出一套得心應手的教學方式。由於找到了真正的興趣及天賦，便決定攻讀碩士，過起白天上班，晚上讀書的日子，最後如願考上國立台北師範大學特殊教育學系研究所。

在畢業前夕，她不斷自我對話及思索，特教是昂貴又高成本的教育，坊間特教類家教時薪約一千二百元起跳，假設每周教四次，每次一個半小時，家長一星期就必須花費上萬元，貧苦家庭根本負擔不起。如果她開工作室，只收三、四個小孩，每個月賺上四～五萬元也不成問題。

◆◆◆

「但我真的要這樣做嗎？」

二〇〇四年五月，陳美谷夥同四、五位志同道合的老師，在沒有宗教團體及企業財團的幫助下，憑著自己的力量籌措資金，並找到合適的據點，著手設立身心障礙者的日間托育機構。為了減輕家長的經濟負擔與申請補助，又排除萬難向桃園市政府申請成立財團法人並且立案。二〇〇五年三月二十九日青年節，「財團法人桃園市私立寶貝潛能發展中心」正式宣告誕生。

為了使孩子不被標籤，中心命名採用「潛能發展」取代傳統的「啟智」詞彙，「寶貝」

則象徵每一個孩子都是我們的寶貝，希望每個身心障礙的孩子都能獲得良好的照顧。日間托育的形式，可以讓家長有上班、休閒的時間，可以有喘息空間。

倡導尊重每一個生命，所有的孩子都需平等對待，享有同樣的權利與義務。但回顧籌備階段，殘酷的命運卻給陳美谷一記重拳，她在三十四歲時檢查出罹患乳癌二期，但她沒被病魔擊倒，一邊抗癌，一邊經營中心，十五年來從未懈怠，堅毅進取的性格為早療孩子和自己的人生，闖出明亮的新旅程。

拜師九天，鬥陣鼓動奇蹟

中心內有幾名家長在角落看著孩子們在上團體課，他們靦腆笑著，握著自己的手，手掌不時拍著手背，像是在為孩子和老師加油打氣，更像在安撫自己。他們是來跟老師及治療師討論孩子的個別化服務計畫。

家長們對中心辦的活動參與度高嗎？陳美谷說：「家長對中心的理念越認同，參與度就越高。這幾年阿公、阿嬤及爸爸都加入參與，顯現親職角色轉變。」

發展遲緩幼童的家長常感到矛盾，他們也曾期待子女要成龍成鳳，一旦發現孩子身心狀況異常，許多人都難以承受，甚或內心無法接受。「孩子進入中心時，我們會請家長簽肖像權同意書，可以把孩子的照片或影片放在網路或刊物，但有些家長並不同意，擔心孩子照片曝光後，會被標記。」

陳美谷舉了小雍（化名）的例子。

小雍是自閉症的寶貝，三歲就讀幼兒園到大班上學期，但上課時一直躁動不安，媽媽擔心進小學後還是如此，就把小雍轉到寶貝中心就讀。起初家長擔心小孩被標記，不願意照片曝光，但參與公開演出一定會被拍到照片，這樣就無法參與九天寶貝聯盟的演出。

但陳美谷不死心，趁某次練習時，刻意把小雍排進去試打，沒想到一打之下，發現小雍竟然是個天才小鼓手。陳美谷馬上錄下影片傳給小雍媽媽，並問：「看完小雍打鼓的影片，會擔心小雍被標記？還是覺得他很棒？」

於是家長當下簽了肖像權同意書，之後寶貝中心與九天民俗技藝團合辦公演時，小雍都是主角，媽媽還拿著孩子的海報到里長辦公室張貼。

◆◆◆

在眾多治療中，為什麼特別選中鼓藝課程，中心又是怎麼跟赫赫有名的九天民俗技藝團搭上線的呢？原來這個經典計畫來自於二〇一二年參與台新銀行公益慈善基金會的「您的一票，決定愛的力量」活動，並獲得五十萬元公益基金開的頭。

「鼓動奇蹟」身障幼兒打擊樂團專案，主要是聘請九天民俗技藝團擔任音樂課程的教學顧問，進行基礎節奏練習，並成立九天寶貝聯盟，舉辦年度慈善公演。身障寶貝在經過訓練後，許多孩子可以自行演奏，不須老師協助，成效非常顯著。

陳美谷認為：「音樂課程可幫助身障幼童在肢體復健、認知理解及情緒抒發等各方

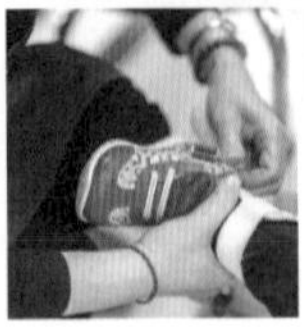

寶貝潛能中心的孩子從不會打鼓到樂在其中，最後在舞台上享受大家的掌聲讓孩子們提升自信，還可以跟社會建立新連結。

面的發展，鼓是打擊樂，練習節奏可訓練大肌肉、小肌肉，而且器材不會太貴，空間上也比較適合。當拿到經費，終於有能力可以付鐘點費了，卻發現沒人敢教。四處求師無門後，最後只有九天民俗技藝團一口答應。於是隔年一月，我們帶著孩子在陣頭場景裡正式拜師。」

◆◆◆

九天民俗技藝團由團長許振榮於一九九五年創立，據點在台中市大雅區。以往陣頭僅在傳統廟會表演，數十年來陣頭技藝已逐漸改良並趨精緻化，提升為具有內涵的劇場表演藝術層次，而九天更是台灣陣頭第一團，肩負傳揚台灣文化精神的重任。

負責帶領「九天寶貝聯盟」的是鼓樂總監曾德偉，他來自西樂背景，大學雙主修打擊樂與樂團指揮。二〇〇五年環島時與九天團員相遇，受其苦行精神感動，於是受邀成為鼓樂老師，且前九年都是義務教學。此外，他也從古陣頭節奏取材，融合新時代元素創作新曲，讓具有開創性的九天如虎添翼。

「九天團員打擊與舞蹈都要練，譬如有官將首、八家將及三太子等身體訓練，有些還要有特技底子。」曾德偉對管弦樂團與陣頭團員都相當嚴格，用快狠準的方式執行軍事化訓練。可是碰到特殊的孩子，又是什麼模樣呢？

當初邀約合作時，陳美谷是想從兒童啟蒙音樂訓練切入，因為打擊樂是最容易上手的項目，而鼓樂也是民族文化的延伸，期望藉此來啟發孩子的潛力。「我當初想得很簡單，純粹做公益，希望藉由跨團隊合作，激發社會大眾對寶貝中心的關心和注意力。所以教學上有別於平常的嚴謹，特別從陪伴與瞭解情緒開始，因此遇到寶貝中心的孩子後，我變成幼幼班老師。」

曾德偉觀察，這群孩子一開始對鼓都是又愛又恨，有些孩子聽見宏亮的陣鼓聲音會害怕，但漸漸地將恐懼轉為好奇，習得技藝後更帶來了自信與成就感，他樂見這種正向成長。因為每隔一、兩周才從台中上桃園教課，他會先教中心的老師，再由老師陪伴寶貝做日常練習，一點一滴地累積。

九天與寶貝潛能發展中心定期舉辦聯合慈善公演，大家對演出都嚴陣以待，場地多半選在桃園婦女館或桃園展演中心，九天為孩子訂製表演服，每年亦量身訂做一首新作品，而中心則採購比例縮小的九天陣鼓。所有演出規格與九天公演的舞台燈光效果都相同，許多設備都從台中運上桃園，光是燈光就要安裝兩天。演出陣容從前幾年只有孩子跟中心老師一起上台，到後來也加入家長，有些從中心畢業的校友也會回來繼續練習，頗有傳承意味。

曾德偉笑著說起孩子也會怯場，有幾個孩子看到觀眾席人山人海，正式演出時不敢走上舞台，老師跟家長只好抱著上台，但音樂一下，孩子的手又自己動起來、神采飛揚，也比平常更有自信。「教寶貝中心的孩子八年以來，看到從不會、害怕，到樂在其中，站在舞台上享受大家的掌聲、獲得成就感，這就是我想帶給孩子們的禮物，也是我與九天寶貝聯盟合作的重要意義。」

一般慈善表演採取捐款贈票，但寶貝選擇售票方式。陳美谷說，這是正式公演的規格，觀眾們要看的是一場精采的演出，我們賣的是技能，希望以欣賞的角度來看待孩子，而不是同情、可憐。再者，比起贈票，買票的觀眾比較踴躍出席，因為孩子需要支持與掌聲，除可以提升自信，還可以跟社會建立新連結。有些孩子看到鼓譜會很開心，鼓譜便成為他的增強物。另外，在跨界合作的過程中，也建立了一個溫馨的大家庭。

「九天民俗技藝團副團長瑪利亞就特別受到孩子歡迎，他高高壯壯的，常常一把就能抱起孩子，孩子都很愛他。」

◆◆◆

經由台新的引介，「鼓動奇蹟」專案也與台北市志玲姊姊慈善基金會搭上線，並獲得長期捐助，台灣第一名模林志玲曾拜訪過中心兩次。陳美谷感動地說：「志玲姊姊真的記得我們的孩子！現場有提供小圓椅給她坐，志玲姊姊還是跪著跟孩子講話。再度拜訪前，她詢問可不可以把畢業的孩子也找回來，想看看過得好不好，結果她真的都還認得這些孩子，讓家長相當震驚。另外，志玲姊姊結婚時，也有寄喜餅與中心分享。」

向所有人開放的寶貝家園

中心命名為「潛能發展」雖避免被標籤化，但對外宣傳及募款時，卻容易被誤解為一般的才藝班或補習班，造成資金籌募不易。二〇一〇年陳美谷得知台新舉辦第一屆「您的一票，決定愛的力量」活動，為了爭取十萬元的公益基金，搶在申請截止前兩天寄出提案，提出想建置一套作業軟體來簡化文書作業程序，並讓老師有更多的心力專注於教學。如果有了程式，可以快速建檔，也可減少老師處理文書的時間，也較能保有生活品質。

所以提案是針對老師嗎？

「沒錯，中心的開銷以人力佔最大宗，老師的經費是最重要、也是最必要的支出，約佔中心支出的百分之四十～五十！」她料想募款時，大家聽到專案不是直接用在孩子身上時，通常比較不願意捐款。但台新「您的一票，決定愛的力量」採取拉票機制，研發程式減輕老師負擔的提案，應該比較有機會落實。

「在一般社會觀感中，對老師常有不對等的期待，覺得既然這麼有愛心，應該不需要領薪水吧！但好像忘了，老師也是人，也需要養家活口。試想，如果自己的子女大學畢業後，找了投入專業及心力的工作，卻因為是愛心事業而沒薪水！或許就會轉換想法。老師是專業職，有其價值，千萬不能用做功德的觀點來看待老師的付出。」

第二屆活動陳美谷改提團膳方案「營養午餐資助計畫——愛的午餐不中斷」，主打讓孩子吃飽、不餓肚子，滿足基本生理需求，並減輕中心在營運上的困難。到了第三屆，原本想延續同樣的主題，經台新建議可以大膽創新後，於是有了震撼人心的「鼓動奇蹟」。

陳美谷在拉票過程中逐漸調整行銷策略，譬如提出「策略聯盟」，集結全台各地社福機構的力量，在各地區進行群體拉票。團隊向社會各界倡議募款時，也不再因害怕被拒絕或受到不對等的期待而畏縮。「用數字講會更清楚，要強調捐款有助省下未來的社

讓孩子勇於表現，找
到自信，絕對是前進
最好的方法。

會成本，以換取捐款者的認同。」

以寶貝中心的「愛心股東」制為例，陳美谷向捐款對象解釋，經費將用於訓練孩子學會生活自理，「如果小朋友從包尿布到可以自己上廁所，一輩子可以省一百二十萬；從不會走路到會走，一輩子可以省一千三百萬。你現在捐的一元，未來可以幫家長跟社會省下二十九元。你覺得值得嗎？要不要投資？」

至今，募款成效依舊是經營路上的重大考驗，陳美谷說，跟社會大眾溝通需要長時間經營，中心沒有大型企業的贊助，大部分靠網路的力量獲得小額捐款。每天在社群、部落格發文附照片介紹，讓大眾看得到孩子的成長，累積起來的小額捐款也很可觀。

◆◆◆

問及陳美谷的人生瓶頸，她沒提自己的健康，反倒是說「想幫助的寶貝太多，卻發現能力有限。」

儘管發展遲緩的兒童小時候受過訓練，倘若日後沒有持續學習、與社會互動，身心機能也將快速退化，而中心每個月的固定房租也是龐大的成本。為了幫助更多人、提供更整體性的服務，陳美谷提出建造寶貝家園計畫，二〇一三年買下位於桃園八德區茄苳路附近的土地，佔地共七百八十六坪，預計二〇二〇年陸續完工。

「機構需要有一個家，才能提供穩定的服務，照顧更多的孩子。許多家長對孩子的未來很擔心，但過與不及都不是好現象。未來家園預計將服務年齡層延伸至十五歲以上

九天寶貝聯盟受邀於
台新銀行貴賓之夜表
演，與台新金控董事
長吳東亮合影。

的身心障礙大寶貝，我們有機會展現孩子的未來，家長可以依照大方向一步一步前進，可以更安心。」

寶貝家園為三層樓建築，外型設計成藍頂白牆的地中海風格，還有可以讓孩子蹦蹦跳跳的彩虹跑道，陳美谷指著用翻糖蛋糕做成的介紹模型解釋。將家園打造成地中海式建築，是希望成為桃園及全台灣的新地標，能吸引觀光客朝聖打卡。因為有人潮就可以創造工作機會，寶貝家園未來會有親子餐廳、烘焙坊和便利商店，並提供ＤＩＹ教學課程。鼓勵用實際行動支持身障人士就業，同時拉近身障族群與社會大眾的距離。

但三百六十度環繞的浪漫地中海建築卻也惹來質疑「蓋得太豪華」，陳美谷對此無奈地表示：「家園只是造型比較特別，其實油漆是很便宜的建材，因為要吸引人一定要有特色，但有特色並不代表昂貴。」

◆◆◆

身障機構劃分住宿型與日托型，陳美谷支持日間托育形式乃是希望減輕家庭與社會壓力，孩子不會一直關在家裡，也可以和家庭維持聯繫。送到住宿型機構安養後，家人難免缺少情感連結與照護能力，最後會變成「機構的孩子」，與家人失去連結。

「進入小學後，我們都會跟家長談孩子的人生計畫，規劃未來的方向，每個家長都希望孩子長大後有工作能力，可以獨立自主。寶貝家園未來將提供這樣的管道跟機會讓孩子滿十八歲後，多一些時間可以培養能力。中心是流動的，每隔兩、三年可以出去（加入職場）幾位，非常不容易。你可以幫助他一陣子，但不要捐助他一輩子。以購買代替捐款，給予工作尊嚴，這樣的生命才有意義。我們要讓機構更有能量可以幫助更多的孩子，而不是針對單一孩子提供經濟協助，因為給魚竿、教他們怎麼釣魚，才是最根本的解決之道，速度雖然慢，但如果多一個自立的孩子，就可以少一個吞淚的家庭！」

有個孩子三歲多時進入中心就讀，怕生的他總是瑟縮在角落，但他建立自信後學得很快，不但是老師的小幫手，也是中心的小公關，曾代表中心為前桃園市長朱立倫獻花。升上高中後，在寶貝家園上樑的活動中拿著五歲照片遮臉出場，讓來賓們對他十年來的進步驚訝不已。也有孩子在高中寒暑假回來中心擔任志工，不時提醒小寶貝們不要偏食，陳美谷笑著說：「但他小時候最偏食，四歲時人生中的第一口水果是在中心吃的。」越早越好療，這是早期療育最重要的信念。

能自立就是最大的驕傲

台新銀行慈善公益基金會執行長郝名媛對寶貝潛能發展中心留下深刻印象，她大讚：「美谷是非常目標導向的社福團體領導人！」她曾邀請陳美谷與其他社福團體分享如何在「您的一票」活動中促票的經驗，因為陳美谷已掌握「您的一票」活動精髓及如何自我宣傳的心法，可以充份利用社群媒體（臉書及LINE）的影響力及擴散力，不斷擴大經營朋友圈，並精算每天需要達到多少票支持，才能取得公益基金，在在展現要「贏」的魄力，也就是要爭取經費的決心。這種經營社群媒體的經驗，也讓陳美谷日後更有信心籌募寶貝家園。

另外，最讓郝名媛推崇的是寶貝與九天的合作，運用台新「您的一票」活動贏得的公益基金做為鼓藝課程的經費。她觀賞過寶貝幾次在桃園的慈善公演，相當激賞寶貝小朋友、家長及老師在舞台上的演出。於是也力邀九天寶貝聯盟在台新銀行年度貴賓之夜中擔任開場表演。她記得，當小小鼓手敲出美妙又震撼的樂音時，全場上萬的人都為之動容，也都拍紅了手！

她也不忘溫馨提醒：「美谷使命感太重，身上肩負很多責任，有太多想法及想做的事，但還是要留意身體健康。」

陳美谷亦稱台新銀行慈善公益基金會是重要的貴人，十年來不離不棄、持續關心，雖然寶貝中心取得五年補助後，已晉升為畢業團體天使團，無法再提案申請經費，但依然與台新維持熱絡的關係，不時接獲講座、專業課程或參訪通知，不只分享有意義的活動，也會轉介各種資源幫忙。陳美谷感念的說：「台新處處實踐企業社會責任，由衷感謝一路對寶貝中心的照顧。」

◆◆◆

雖然有寶貝中心這個大家庭，但陳美谷也曾擔心治療乳癌會剝奪她懷孕的機會。

「二〇〇四年寶貝中心成立前夕，我在咖啡館寫畢業論文。本來以為是乳房纖維瘤，但確診後是得了乳癌。當時中心已緊鑼密鼓在籌備，我問，怎麼會是這個時間點？

我才剛要做一件重要的事，卻發現生命不一定有明天，這時反而會更積極想把事情完成。快！趕快治療吧！」

她在半年內經歷六次化療，忙碌籌辦的好處是轉移疼痛的注意力，自認無暇自怨自艾，家人也全力支持工作。

知道得乳癌後，陳美谷問醫生的第一句話總是：「我還可以生小孩嗎？」醫生說：「孩子那麼重要嗎？」她真心喜歡孩子，絕望的她雖然心中還懷抱一絲希望。正當夫婦倆計畫申請收養小孩時，陳美谷忽然發現自己懷孕了。

今年女兒即將升國中，看著媽媽致力於早期療育工作，她也時常到中心幫忙。陳美谷又好氣又好笑地說：「她覺得自己很厲害，感覺是當姊姊的成就感，能搞定寶貝，而有的寶貝還真的乖乖聽她的話，孩子帶孩子有特別的魅力。」

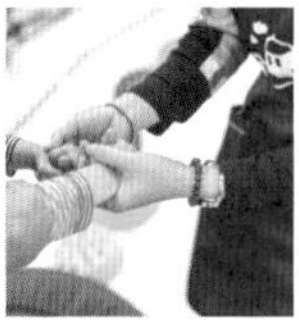

善的迴響

一、「愛的力量」平台對於您個人和機構有哪些關鍵性影響？

光憑自己的力量單打獨鬥，難以達到事半功倍的效果，也容易有盲點。在台新銀行公益慈善基金會與「愛的力量」支持下，學會與各領域的人攜手合作，發展出多元策略聯盟方式，有勇有謀地實踐目標。

1. **結緣大人物**：透過台新的媒合，有幸認識了志玲姊姊，並且從愛的力量提案平台開始發展九天寶貝聯盟，從此樹立機構招牌特色。
2. **同儕交流**：透過台新的公益平台，結識了台灣各地服務不同弱勢族群的團體，大家可以相互分享親身接觸的案例與專業心得。
3. **演繹可能性**：帶領一家機構從零到有，到茁壯與擴展服務。能將組織經營得有聲有色，也影響我個人更勇敢築夢。
4. **一劑定心丸**：一個有信念、有制度的大型基金會願意長期陪伴，提供源源不絕的資源，覺得很安心。
5. **策略聯盟**：不只是促票，凡事若能集結眾人的力量一起出動，方案都能更有效率地完成，互助合作也能深化人際關係，認識更多朋友。

二、晉升畢業團體後是否透過「愛的力量」平台所學，有自發性的創造或改變？

1. 協助桃園市家長成立桃園市關懷弱勢慈善協會，並協助拉票募款。
2. 發展寶貝「騎蹟」車隊。結合教練、治療師及特教老師三方的專業，透過學習及訓練的過程，加強身心障礙兒童的肌耐力與體力以及情緒上的訓練，增添生活技能，並找到一條快樂的新道路，培養自我認同及增進家庭溫度等更高的價值。

年度	獲獎組別	提案名稱
2010	社會福利十萬元組	讓愛細水長流
2011	社會福利二十五萬元組	愛的午餐不中斷！
2012	社會福利五十萬元組	「鼓動奇蹟」身障幼兒打擊樂團
2013	社會福利五十萬元組	身心障礙寶貝們的「藝」想世界
2014	社會福利五十萬元組	早療寶貝上學去－身障幼童回歸融合計畫

桃園市私立
寶貝潛能發展中心

家園最大的展望是，
孩子滿十八歲後
可以靠自己的力量
照顧自己。

桃園市私立寶貝潛能發展中心　**陳美谷**

高雄三山脊損重建協會

楊德明總幹事

逆轉人生，輪椅族也有自己的春天

高雄三山脊損重建協會於一九九五年創立，二〇〇六年成立髓喜家園，精心照顧及服務，重建訓練傷友生活與心靈，早日回歸社會。

二〇一〇年成立髓喜烘焙坊，透過蛋捲與龍鳳酥、鳳梨酥的生產與銷售增加工作機會。並於二〇一三年承辦鋼平社區家園，提供圓滿全人重建服務。

翻身都難，如何走出來？

與輪椅族共處一室，正當擔心視線接觸時是否會冒犯時，就聽見有人朗聲叫道：「她殘害了一棵樹！」是總幹事楊德明在揶揄理事長周欣誼，而協會在座的晚輩聞言後，也不以為意的哈哈大笑。但究竟要經過多久練習，才有辦法這樣輕鬆笑鬧呢？

楊德明十七歲時學汽車修護，不慎被大卡車壓傷，造成胸椎斷裂，下半身癱瘓。回憶起人生的巨變，他淡淡地說：「那時笨笨的，不知道所謂的以後，只知道日子一天天過去。雖然家境不好，但家人還是照顧得很好，感覺無憂無慮。」自己的身體到底怎麼了，他當時也不懂。

所謂「脊髓損傷」是一種嚴重殘障，通常由於巨大的外力，如車禍、墜落、重物壓傷及運動傷害等，造成急性外傷性傷害侵及脊髓與神經，以致運動、感覺及排泄功能失常。頸髓受傷會造成四肢癱瘓，約佔所有脊髓損傷患者的半數；若傷及胸髓、腰髓或薦髓，則會造成下半身癱瘓。台灣地區脊髓損傷病例，外傷性原因以車禍居多，約佔一半以上，年齡層以二十~四十九歲患者佔大宗，學歷以高中居多，男女比例約五比一。

六〇年代資訊管道並不發達，楊德明為了瞭解自己的體況，並尋找同病相連的朋友，從報紙上找到一九八八年於台大醫院復健科成立的聯誼會（一九九〇年成立中華民國脊髓損傷者協會，一九九四年改制聯合會）。楊德明曾打電話詢問，可惜當時高雄尚未成立據點，直到設立後才加入擔任志工。「受限於當時的時代背景，脊損相關資訊不多，復健概念及無障礙設施也不健全，職場也不太接受身障人士，所以我不想就業，於是轉向心理層面研究發展，從一九八九年開始輔導脊髓損傷患者。」

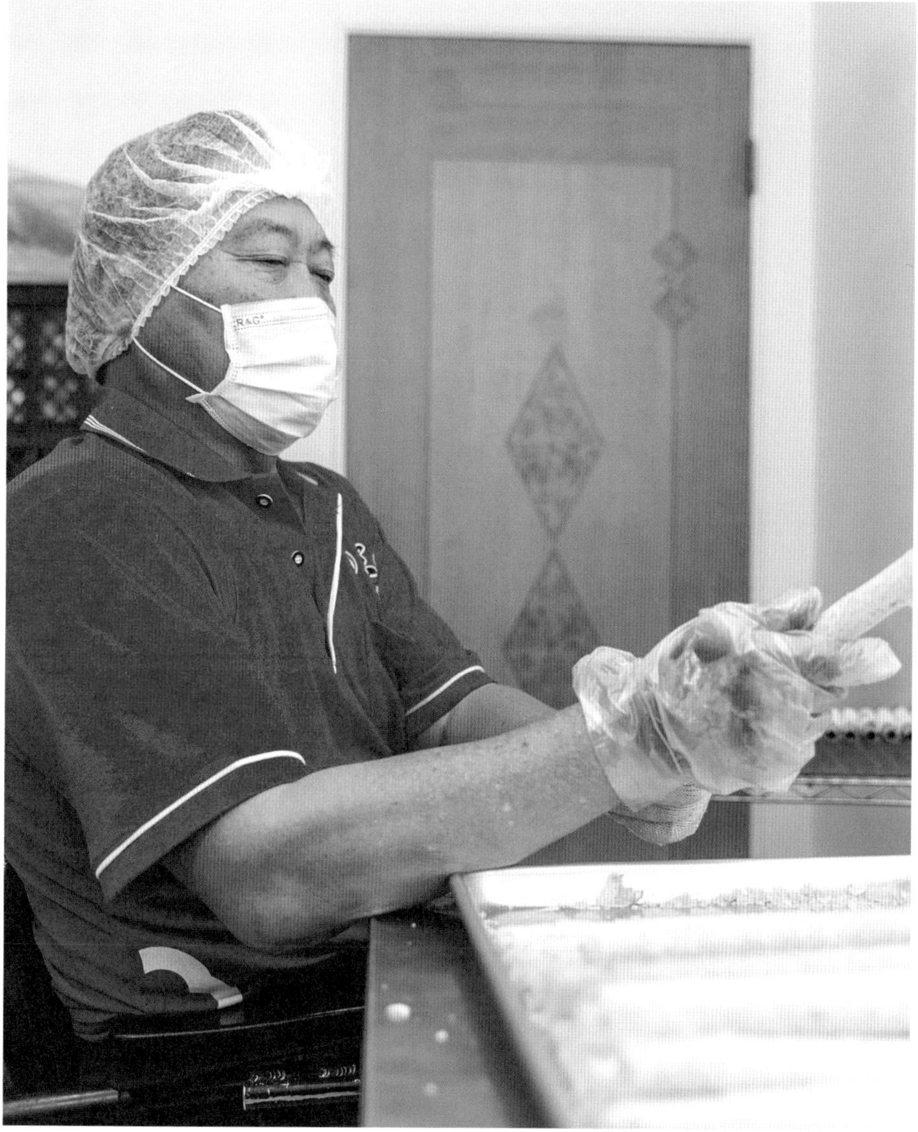

三山烘焙坊讓脊髓損
傷患者找到自己生活
的價值及自信。

對脊髓損傷傷友及其家庭而言，無論醫療或復健，都會面臨諸多困難，需要專業醫療團隊共同合作，並協同政府、民間建立健全的無障礙空間。為發揮影響力，楊德明在一九九五年成立社團法人高雄三山脊損重建協會，致力提供心理輔導、協助漫長的復健、對低收入戶傷者提供輔具和交通協助，並宣導受傷防治，希望累積成功的案例換取更多公家及社會資源。二〇〇六年成立的髓喜家園，則是扮演醫院與社會之間的橋樑，藉由心理輔導、體能復建、社會適應訓練及傷友經驗傳承，設法排除其社會性的障礙，縮短適應期，幫助早日回歸社會。

楊德明表示，訪視傷友的第一步是探路，要先了解傷者及家人的接受度，觀察對方的心情，以及對脊損傷害的了解。有了初步的認識後，再做徹底的分析，慢慢告知這種重症雖無法完全醫治，但仍能透過復健獲得改善，為傷友及其家人重建希望。「受傷後的傷友通常都期待會好，連我也在等待奇蹟，但是事實上是不太可能。能重回社會經營人際關係，才不會關在家裡自暴自棄。每個個案的重建時間都不一樣，有些人要幾個月，有些人要花上一輩子。」

楊德明擅用白話傳授輔導方法，他將輔導對象劃分為三種：尚未有感情生活、交往中及已婚。根據互動經驗，單身的人想法通常比較單純，「跟我一樣，憨憨地過。」有交往經驗的人因人生正精采，落差感會較大，也容易自我封閉。已經成家者衝擊也很強烈，但可用養兒育女的責任心切入，點醒個案要做給下一代看，並替另一半減輕負擔。訪視新個案時，他會率領其他傷友一起陪伴及互動，因為能感同身受，效果也較好。除此之外，群體活動也能避免大眾將異樣目光集中在個人身上，可以減輕壓力。

受傷以後性情有變很多嗎？楊德明微笑答覆：「我的個性頗溫和，受傷前可能有些暴躁，但受傷後只在家發過一次脾氣，後來我自己檢討，家人要做生意，還要去醫院照顧我，兩邊跑真的很辛苦，之後就多了體諒。雖然有時心裡會不舒服，但不會對別人亂發脾氣。」

◆◆◆

脊髓損傷傷友通常以青壯年為主，在人生的黃金時期發生了難以承受的意外，從急診室、加護病房，一步步轉到急性病房、復健病房慢慢調養，到最後出院回家。然而回家並非災難的結束，而是更多問題的開始，許多併發症隨之而生，患者在身心折磨下容易陷入閉塞處境，日漸和社會脫離，更別說自力更生。

這條心酸的坎坷路，若非身歷其境，實在很難深刻體會。為協助傷友尋求經濟安全，高雄三山脊損重建協會於二〇一〇年設立共生家庭，重建訓練患者的生活與心靈；二〇一三年承辦鋼平社區家園，促進傷友的居住與工作保障，並提供圓滿全人重建服務。楊德明說：「多數脊髓損傷者寧願窩在家裡不願走出來，最後造成有產值的照顧者因此也喪失生產力。住進共生家庭後就得學習獨立生活和創業技能，只要肯努力走出來，不但能畫出自己亮麗的未來，也有機會彩繪其他身障者的天空。」

◆◆◆

楊德明

1995 年創立社團法人高雄三山脊損重建協會，現任總幹事，曾當選為中華民國脊髓損傷者聯合會第 11 及 12 屆理事長。

而周欣誼是個活潑、愛搞怪的嗨咖，就讀樹人醫護管理專科學校時，還曾和老師、同學一起合拍門牙貼海苔的無厘頭照片。在畢業前夕，在回學校的路上她騎車撞到校門口的路樹，因此造成頸椎粉碎性骨折。「那時是空堂時間，只有一位學長看到我倒在路上，全身無法動彈。」二十一歲的花樣年華從此風雲變色，她一度想自我放棄。「知道不會好後，我連飯都不想吃。但我媽很正向，說沒辦法一輩子照顧我，所以一直鼓勵我做復健。直到半年後我才醒悟，如果我難過，我們家的氣氛也會變得很差，應該要振作！所幸家裡的支持系統很強，再加上親友及老師的鼓勵，我才能慢慢走出來。」

受傷四年半後，周欣誼在教官的推薦下加入高雄三山脊損重建協會，從台南搬到高雄，入住鋼平社區家園與傷友互助共生。媽媽雖然有百般不捨，但還是放手讓女兒嘗試獨立自主過生活。

復健的歲月很難熬，身體沒辦法動就要勤練翻身。「翻身很簡單對不對？」她深吸一口氣連聲感嘆：「對我來說，很難、很難、很難！要一直、一直、一直練習！我至少翻了三個月才找到技巧，連手肘都磨傷了。」另外，他人的眼光與評論也是要克服的課題，「剛受傷時，我鄰居都會說：『好好的一個人雄雄變按呢，實在是足可憐耶！』這種感覺真的有夠討厭！其實我不可憐呀！我比很多人都還要幸福。」每次受邀演講生命教育時，她都會叮嚀民眾騎車要小心，還有不要輕易放棄自己。「要一直說：我可以、我可以的。」

蛋捲、輪椅、身體和命運之輪，都在不停翻滾。向前推進時，你抓穩方向了嗎？

共生家庭，你的傷我懂

請楊德明帶路前往探視鋼平社區家園，行動俐落的楊德明瞬間在眼前消失。下一秒，楊德明的輪椅已送上三山的廂型車，但他不是乘客，而是司機，不僅駕駛技術一流，而且行車一路順暢。

鋼平社區家園原先是小港社會福利服務中心，之後採公辦民營，協會於投標後負責經營管理，這也是周欣誼目前居住的地方。在此寧靜的住宅區，附近有一家大型幼兒園和便利超商。家園內外與一般民家無異，有客廳、廚房、大臥房及浴廁，入住時僅針對電梯、廁所落差與門框做無障礙改造。雙腿健全的人走階梯只需一、兩秒就能抵達紗窗門，輪椅族就得排隊等待使用電梯升降設施，但他們不疾不徐，優雅自在。

進門後的氣氛比想像中還要熱烈，周欣誼與室友紋欣像姊妹淘般的聊天鬥嘴，剛上桌的水餃，來自於她們在菜市場發現的優質商家。平常吃飯一個負責料理，一個負責洗碗，喜歡煮大黃瓜排骨湯、剝皮辣椒湯，有時也會一起出去上餐館、逛夜市、看電影，「就跟一般人一樣」。

周欣誼的手指不靈活，裝水、倒水進鍋子都要費好大力氣，換動作時必須調整手臂的角度，也要不時搬動雙腿、改變擺放姿勢。她主要負責協會的行銷事務，使用電腦、接電話、滑手機、紀錄訂單……等都一一克服，在三山的臉書粉絲專頁也常能看到她外出募款、促票的照片，本人和照片一樣元氣滿滿。另外，她喜歡貓，但社區

周欣誼

樹人醫護管理專科學校畢業，現任高雄三山脊損重建協會理事長。

理事長周欣誼（右）
與室友紋欣都是脊損
傷友，她們和常人一
樣享受生命並創造著
心目中的理想生活。

裡不能養寵物，她就在自己房門和牆面貼上各式各樣可愛的貓咪壁貼，還貼上斗大的「靚女」二字。

紋欣是個小兒麻痺患者，她出身高雄，在高雄榮總醫院從事行政工作，每天騎機車通勤來回要花上一個半小時，有時她會跟著協會一起做蛋捲，在「您的一票」活動期間，也會上街頭，向民眾促票。她稱讚周欣誼做事盡責，一起住彼此可互補，她們也會輪流規劃協會的旅遊行程，到岡山去採草莓、吃羊肉，也到嘉義曾文水庫去玩。

儘管是輪椅族，高雄三山脊損重建協會還是很注重日常休閒運動，例如每周三下午舉辦「輪椅太極拳」，一群好夥伴在大東捷運站附近的大樹下活動筋骨，享受共同的練拳時光，也歡迎民眾一同參與這項溫和的運動。

二〇一五年協會與「友善好餐廳」App合作擔任友善特派員，藉由親身體驗整理出包括：餐廳出入口、動線環境、點字菜單、用餐服務、電梯、廁所及停車位等資訊，幫助商家改善無障礙環境，照顧身障者的需求。二〇一八年在台新銀行公益慈善基金會的熱情邀約下，促成協會傷友赴高雄市立美術館參觀「裸：泰德美術館典藏大展」，鼓勵脊損傷友積極走出戶外，享受美的陶冶。

縱使行動受限於身體的殘缺，脊損傷友們對理想生活的追求，完全不亞於常人，並透過自身的經驗向社會大眾展示對生命的熱情。

烘焙挑戰，啟事業雄心

高雄三山脊損重建協會位於鳳山區一處巷弄民宅內，而斜前方的店面即是三山烘焙坊的生產基地與銷售處。玫瑰色的招牌高掛門楣，兩旁門柱標示醒目的紅底金邊對聯，上聯是「三思巧藝烘美味」，下聯則是「山立堅持焙奇香」，以藏頭詩巧妙嵌入品牌名稱。這是楊德明央請朋友寫的，提供了好幾款，最後選出唸起來最順的這一款。白色紗窗門前用擺攤方式陳列蛋捲及試吃品，還有一把撐開的大陽傘，避免受到豔陽烘烤。順著視線過去，三山的兩大主打商品蛋捲與鳳梨酥的照片佔據了整面外牆，該區還設置了三處可停放輪椅改裝成機車的車位，讓人一眼就能分辨品牌特性與經營族群。

室內劃分為最前方的店面、烘烤捲製區、冷卻包裝區，以及拌料區。楊德明坐在門口，他眨著謹慎的眼神打開一包香蕉蛋捲，再折成三段遞給大家品嘗，「來，吃吃看。」研發者專心地咀嚼、沉思，接著嘴角上揚地發表心情：「我們的用料比較實在，硬度、脆度及天然香氣都略勝一籌，口味好壞是可以吃得出來。」

◆◆◆

自從二〇一〇年十月成立髓喜烘焙坊（三山烘焙坊前身）後，為了研製最美味的產品，十年來他幾乎吃遍全台灣各式各樣的蛋捲。古時有神農氏嘗百草，最終找出了三百六十五種藥材為世人治病；楊德明闖進百家爭鳴的烘焙市場，吃遍各路蛋捲，與夥伴陸續開發出六種口味，目的全是為了替脊髓損傷的傷友開闢謀生的新契機。

別看蛋捲的原料和製程都很單純，餅皮烤好能不能捲得起來，才叫見真章！

三山烘焙坊雛形源自協會輔導的傷友林志諺，他原先是資深西點麵包師傅，但因酒駕頸椎受傷導致四肢癱瘓，後來雖勤做復健，腰部依舊無法使力，雙腿及右指也無法恢復功能。儘管手部功能差，為了自食其力，他決定重操舊業。脊損傷友受限於下肢傷殘、仰賴輪椅行動，開設烘焙坊是相當大的挑戰，因無力將烤盤放進烤箱，於是想嘗試製作手工蛋捲。殊不知一樣是烘焙技藝，雖然會做麵包，卻做不出蛋捲，努力了三個月仍然無法成功，還經常被炙熱的鐵板燙傷。但是機器都買了，銀行帳戶餘額也沒有讓他放棄的本錢，林志諺的自信心像破碎的蛋捲散不成形。

就在灰心喪志時，楊德明靈機一動，將兩、三包三合一即溶榛果咖啡粉摻入拌料裡，沒想到蛋捲竟然就可以捲起來了，而且口感也很不錯。究竟是什麼原理，他至今仍說不清楚。只記得那時有了方向，再經多方嘗試調整後，蛋捲配方才漸漸穩定。沒想到林志諺卻在此時因操作輪椅不當暴衝，導致頭顱內出血，兩小時後往生。他的烘焙技術根本來不及傳承，三山團隊只好再花費半年時間重新摸索蛋捲的配方。

「早期找不到師傅教，歷經三位師傅改良配方，才慢慢研發出比較天然、酥脆的口感。」楊德明介紹，三山蛋捲共有六種口味，最受歡迎的是奶、蛋香濃郁的原味；芝麻口味因結合顆粒與粉末，可以吃到芝麻粒；茶香抹茶則採用台灣四季春茶葉磨製成粉，有茶香餘韻；咖啡則有即溶咖啡、咖啡豆及肉桂粉的混合口感；巧克力採用黑巧克力，濃郁香甜；海苔則有鹹鹹的香味。所有的用料、成本都比一般商家高，且一層一層的用心捲出厚實的滋味，每一口都能吃到食材的原味及認真的手路工。

另一主打系列商品是龍鳳酥和鳳梨酥，龍鳳酥採用台南東山特產的龍眼乾，融合高

高雄三山脊損重建協會除了成立三山烘焙坊之外，也積極參與其他輔助學習及協助活動。

雄大樹與屏東內埔的土鳳梨餡，再以檸檬汁來調配酸甜度。咬一口，會散發出獨特的龍眼木燻香，而桂圓香甜Q軟，鳳梨纖維的內餡微酸帶甜，再搭配酥軟外皮，表現層次豐富的古早風味甜點。鳳梨酥則選用台灣在地的土鳳梨及金鑽切片熬製而成，富含纖維果肉的內餡，再搭配奶香濃郁的酥軟外皮，真材實料的香氣在嘴裡擴散，餘味在舌尖盤旋，忍不住讓人一口接一口。

三山標榜原料不添加發粉、硬化劑、防腐劑、人工色素及合成香料，希望讓民眾吃得更健康。衛生福利部食品藥物署亦委託中國生產力中心樓顧問，輔導三山烘焙坊建立自主管理體制，透過講解法規，讓每位員工了解現行相關食品容器具包裝衛生標準。強化源頭管理，正確地選擇、使用並建立管理基準，以達強化落實食品良好衛生規範準則（GHP），提升自主管理能力。

◆◆◆

工欲善其事，必先利其器。由於脊損傷友多半只能掌控手部，行動必須仰賴輪椅，因此無障礙的工作環境，以及可以加速流程、提升產能的機器都勢在必行。

二〇一一年，三山以四十七萬採購一台大型「八爪章魚」手動蛋捲機，共有八個烤模，可讓兩人同時生產，增加產能與工作機會。模組烤好蛋糊後，要趁著熱度趕緊用十九公分的鐵捲棒捲餅皮，捲好後連同棒子放一旁冷卻，接著再送入冷氣房將放涼變酥脆的蛋捲脫模取下，另一人再接續包裝作業。不過十年來這台機器日益老舊，就算機檯旁不免俗地放上綠色乖乖，保庇機器順利運作，目前也已更換零件和維修兩次，累積花費上百萬元。

為籌募龐大的設備經費，並且改造更友善的工作環境，高雄三山脊損重建協會想起一封e-mail，於是二〇一四年首次參加台新銀行公益慈善基金會的「您的一票，決定愛的力量」活動。於是提案，三山順利用經費採購價值四十萬的自動包餡機、七萬的旋風式烤箱，再用三萬元改善無障礙環境。基本架構準備好了，但訂單在哪裡呢？為了讓品牌形象無往不利，在台新的媒合下，「髓喜烘焙坊」徹底脫胎換骨。

◆◆◆

先不論包裝設計如何，單就名稱而言，如果食物上出現脊髓意象，在競爭激烈的蛋捲市場是否能吸引人？

「髓喜」諧音佛家語「隨喜」，意指對自己或他人的善行善果，心生歡喜，常見於香油箱或贊助場合。用於一群脊髓損傷者組成的單位，則可暗喻行善與感恩惜福，這個創意原本是樁美事，但也因連結悲情的傷名，往往讓社會大眾解讀為慈善公益概念，而不是值得品嘗的美食。髓喜如何重生？伊登整合設計總監林長玄表示：「做公益很多人會做，但公益單位販售的產品會不會吃、好不好吃？不知道。最重要的是企劃，包括品牌重新命名、包裝設計、定價策略、銷售通路及促銷方法等最基本的方針都要撈出來，並且徹底跳脫傳統的公益模式。」

二〇一六年台新策劃校園公益計畫，與中國文化大學進修學士班廣告系合作，為社福單位打造品牌設計。當時林長玄已經營設計公司一段時間，對行銷洞察、整合視覺都頗有心得，再度進修廣告系時，他與六、七名同學被分配改造高雄三山脊損重建協會旗下的烘焙坊。過去他也曾關懷弱勢議題，但鮮少主動接觸弱勢團體，趁著這個機會，林長玄希望從根本改變品牌的體質，並協助集中資源，壯大個體戶，使弱勢單位也能做自主性創造。

「高雄三山脊損重建協會據點巒偏僻，我們從台北過去，一路換了高鐵、火車及公車三種交通工具。第一次先觀察烘焙坊環境、設備及所有組織架構。訪談時發現，理事長楊德明毅力驚人、務實認真又很樂觀，為了幫助更多人，他主動創立協會。印象最深刻的是，當時烘焙坊還設立在協會裡，參觀時聯想到黑黑髒髒的機車行，看不出在做什麼。而產品包裝是脊髓圖案，名稱又叫『髓喜』，光看名稱就覺得不好吃。」林長玄說道。

團隊前後拜訪協會四次做調查與溝通，林長玄先從改名著手，考量地點位於舊高雄縣，聚集岡山、鳳山及旗山三大地區，故名「高雄三山」，於是採用這個在地人最熟悉的名稱，連結歷史與地理環境，希望品牌能夠代表高雄。至於視覺意象，則疊起三根蛋捲象徵「三山一體」，取三個洞口相連的圓弧，以簡潔線條表現直覺性。

「在品牌不夠紅時，最好的產品包裝是一目了然。設計感能協助銷售，因此圖案要有蛋捲元素。改變弱勢的印象，才能打破先入為主的『純粹做愛心』概念。產品要能吸引消費者，才能像台中太陽餅、宜蘭牛舌餅等地方特色名產一樣，做很大的生意，甚至全球化擴展。」

另一方面，林長玄的團隊也提出口味改良、無障礙動線、營造舒適的工作環境、做食品認證及觀光食品工廠計畫等，期許延伸專業經營觸角。論及行銷手法，他說，最簡單、不用花錢的行銷曝光是經營社群做品牌管理，有預算再下廣告。關鍵是要走出悲情與弱勢，要有固定的消費族群，品牌才能永續生存。一般而言，弱勢團體經營的產品，雖有善心人士捧場，但都屬於被動式經營，譬如到公家單位或慈善公益園遊會擺攤，但只要這個平台消失，就會影響經濟收入銳減，因此他建議主動式行銷並廣結人脈。

他們初次的設計提案就贏得楊德明的讚賞，楊德明說：「我第一眼看就說：對，就是這樣！」包裝視覺形象風格讓林長玄的團隊全權主導，「以前我們很封閉，原本的包裝很俗，他們的設計很有質感，拿出去每個人都稱讚，很成功。」

沒有腳印，照樣是巨人

目前高雄三山脊損重建協會服務將近三百名的傷友，有工作者卻不到一成，楊德明表示，脊損族群因嚴重程度不一，剩餘的能力也各自不同。雖外出不易，但久坐也會生褥瘡，要為傷友找到一份適性的工作實在不是一件容易的事。儘管身體狀況會影響就業的選擇範圍與工作上的表現，但能否拿到職位，更關鍵的還是看求職者是否具備專業技術，以及心態夠不夠積極。

「只要有發展就好，我們的心態就是這樣。」楊德明回憶自己輔導的屏東傷友，「本

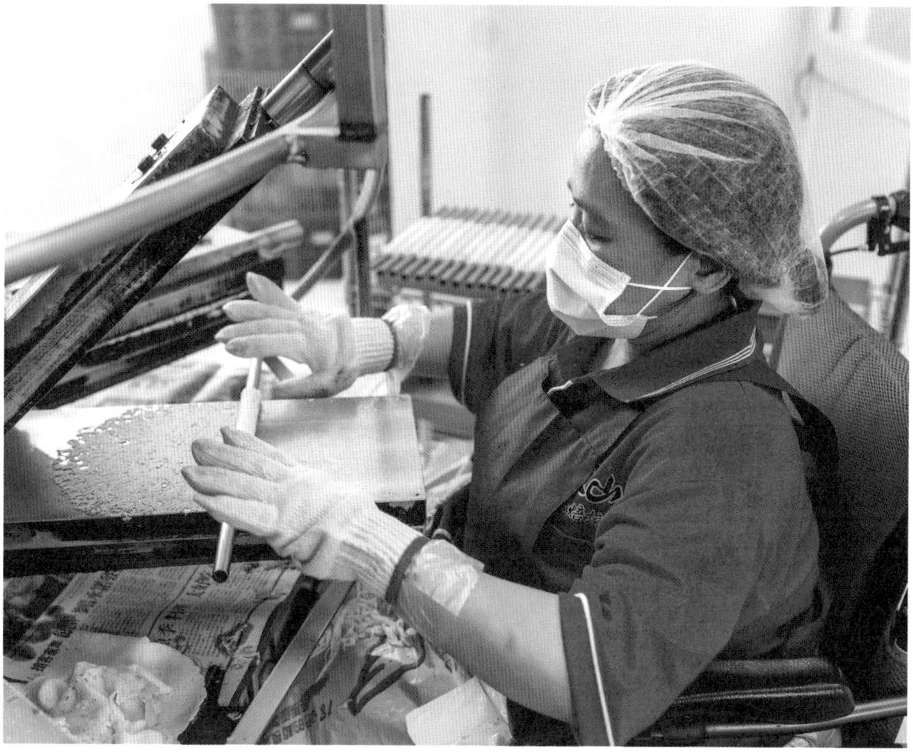

成立烘焙坊後，陸續
開發六種蛋捲口味，
目的全是為了替脊髓
損傷的傷友開闢謀生
的新契機。

來他背部都長滿嚴重褥瘡，我陪他一起去高醫跟醫生討論病況，並把傷口照顧到剩一點點時才出院。之後他去學素描，而且越畫越好，現在在屏東做皮雕做得還不錯，還因教皮雕而交了女朋友。」家庭、事業及感情，一個人過得幸不幸福不就看這三塊人際連結是否健全嗎？

◆◆◆

為了幫助更多脊髓傷友回到自己喜愛的工作崗位，協會除了開設三山烘焙坊，提供生產製作與行銷販售等工作項目，有二〇〇九年設立的「髓喜電腦刻印、印刷工作室」，根據多年的經驗，連結企業相關資源幫助傷友。參與「您的一票，決定愛的力量」獲得的經費也用於職業訓練培力課程，以及促進社會大眾對身障者的了解，提案如二〇一七年的在家工作訓練，與二〇一八年的一日生活跟拍計畫。

一日生活跟拍計畫的內容，同樣包括社群經營，與影音圖文內容編輯製作，預計拍攝六支影片。在跟拍人員與社工的參與指導下，記錄脊損傷友的社會參與過程，用輕鬆的步調檢視日常生活中遇到的各種障礙，情境如：看電影、展覽及搭乘大眾交通運輸工具等。本系列影片作品〈生命的坡度〉，以輪椅族為主題，說明斜坡可以幫助平穩地上到高處，經實際測試公車的斜坡板設計，提出翻蓋式比推拉式是更友善的設計，讓大眾更清楚地瞭解身障者的處境。

二〇一八年，三山烘焙坊在臉書粉絲專頁轉貼高雄市政府社工員黃小姐的文章〈沒有腳印的巨人〉，內容摘錄如下：

「黃建成先生原本是一個對生命充滿期待的人，卻因一場車禍意外導致家庭破碎，變成一個連吃飯、洗澡都要母親代勞的大嬰兒，那時的他意志消沉，生命彷彿是為三餐而活；此刻窗外雖然是夏天燦爛的陽光，卻照不進他陰暗的心底，在那晦暗的房間中，我也感染了他那無窮無盡的孤寂感。

經過了許多年後，在一次偶然的機會中看到了黃建成先生，那時其被推選為本市脊髓損傷協會理事長，揮別了往日的頹廢及懷著感恩的心。在四年任期間積極推動會員福利及各項公益活動，不僅倍受各界肯定，更使該會成為本市績優之身心障礙社團。另外，黃先生更上層樓當選為中華民國脊髓損傷者聯合會理事（會長），為本市爭光。

黃建成理事長為擴大回饋社會，在市政府的協助下成立了舊衣回收中心，同時聘用了同樣是脊髓損傷者的員工，不僅製造了身障者就業機會，更每月提撥百分之十盈餘作為協會之基金，使協會在經濟不景氣、募款困難的情況下依舊正常運作。若有會員或貧困民眾需要衣服，他也會免費提供，其從一個需政府長期扶助的低收入戶轉為協助許多人的行善者。」

「能夠回到社會工作，才能意識到自己的能力與價值。」楊德明領導高雄三山脊損重建協會以來，時常開著他的超級電動戰車東奔西跑，也常搭高鐵到台北了解適合脊損傷友的工作機會，一路上扶起無數脊損傷者重新獲得生活自理能力和工作技能。

他強調，雖然離不開輪椅的宿命，但是透過職業訓練與社會參與，人生都能因為連結人群而重現生機。

放眼世界，外面很精采

台新銀行公益慈善基金會執行長郝名媛表示，脊髓損傷由於不是先天殘疾，傷者在遭逢人生巨變後，常常重創自信心，或是就此一蹶不振。但是在高雄三山脊損重建協會的總幹事楊德明及理事長周欣誼身上，她卻清楚地感受到積極認真的正能量，尤其是楊德明無畏坐輪椅的艱辛旅程，親力親為地參與台新為社福團體舉辦的培力課程，有一次更親赴台東，讓她相當感動。

「楊德明總幹事以蛋捲產業鏈提供身障者更多工作機會，同時提升社會各界對無障礙設計的關注。三山烘焙坊的品牌改造從命名、企業識別系統到包裝設計，都做得很完整。當產品已有一定水準，若能把商業模式再做大，才能發展得更好！」

郝名媛肯定楊德明對協會盡心盡力，也呼籲協會成員也要一起動起來，在市場建立起堅強的實力，期待未來有更棒的突破。

楊德明推崇台新建立「您的一票」平台，幫助全省許許多多的社福團體，不僅提供爭取經費的管道，也持續提供專業培訓課程，是大家孵夢實踐的地方。同時他也鼓勵脊髓損傷傷友：「我們都很願意連結資源，只要傷友願意走出來，不僅能自食其力，也能為自己開啟另一扇窗，經營多彩多姿的未來。」

周欣誼則說：「身心障礙者真的要回歸社會，不能把自己關在一個小小的圈圈裡，我走出來後，才發現外面的世界好精采。或許過程中會遇到很多困難，但只要有勇氣突破那些瓶頸，視野就會變得無限廣闊。我現在很快樂，跟待在家裡的心情差很多、非常多。感謝爸爸媽媽沒有放棄我，如今我在外面可以一個人獨立生活，工作上又有一些成就，總算讓他們比較放心了。」

三山聚集的不只是山脈、蛋捲，更是一群互相扶持的好夥伴。生命的意義絕非在坦途中驗證，而是不斷歷經風風雨雨、跌跌撞撞，才學會一個翻身。漫漫人生路，無論順逆，請記得一隻手撐起自己，另一隻手扶持他人，眾志成城，雖傷而不殘。

善的迴響

一、「愛的力量」平台對於您個人和機構有哪些關鍵性影響？

台新透過校園公益計劃，媒合廣告學系學生重新塑造協會附設烘焙坊的品牌形象，透過改名、商標與包裝視覺設計重新定位「三山」，賦予清晰的面貌與品牌靈魂，從而建立機構獨特的價值，建立市場性的基石。

1. **經營寶庫**：獲得一個較持續性的資源合作網絡，有助於提升自己的經營視野，幫助組織長遠發展。
2. **連結社會**：透過提案與投票機制獲得社會大眾的支持，讓自己與組織不會覺得孤立無援、經營得很辛苦。
3. **改善缺點**：與其他社福機構接觸，以及參與進修課程後，可以看到自己與協會不足的地方，往後有更清楚的改善及發展方向。
4. **增加知名度**：讓三山的品牌及商品特色可以讓更多人看到，再透過口碑行銷增加信賴度。
5. **經費挹注**：擁有一定程度的經費，才能實際改善軟硬體設備，進而提升工作效率，讓三山的願景有了啟動的力量。

二、晉升畢業團體後是否透過「愛的力量」平台所學，有自發性的創造或改變？

完成電子商務線上金流系統，從後端生產效率的提升、中端的社群平台的建立，到前端的消費者接觸平台，完整整合這五年來龐大的資料庫，讓我們可以一站式地處理商品銷售及身障就業等需求。

年度	獲獎組別	提案名稱
2014	社會福利五十萬元組	打造脊損的烘焙自立新生活
2015	社會福利五十萬元組	髓喜烘焙坊的自立生活
2016	社會福利五十萬元組	三山烘焙坊送貨車及設備充實計劃
2017	社會福利五十萬元組	脊損下一站～在家工作訓練計畫
2018	社會福利五十萬元組	一日生活跟拍及烘焙空間維護計畫

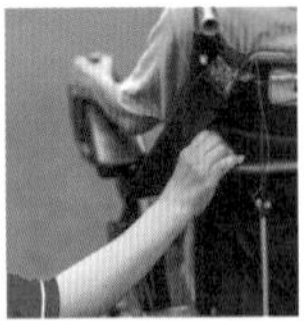

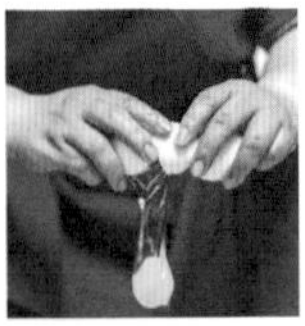

高雄三山
脊損重建協會

只要肯努力走出來，
不但能畫出自己
亮麗的未來，
也有機會彩繪其他
身障者的天空。

高雄三山脊損重建協會　**楊德明**

臺南市鼓樂協會

林韻慈理事長
在鼓聲中看見希望與自信的笑容

臺南市鼓樂協會理事長林韻慈與總幹事劉勝勳，長年推廣台灣傳統鼓樂與各類型藝術，並促進台日交流，響應公益。尤其是在佳里區菜寮朝安宮培育的龍之鼓太鼓團，巧妙結合特殊的轎前鼓文化。轎前鼓與戰鼓鼓譜也首次被記錄，使瀕臨失傳的民俗樂得以廣傳、綿延。

天生韻律，神的孩子在打鼓

一踏出高鐵站，馬上就能聞出府城特有的底氣。空氣中的甜味、林立的廟宇與豐饒的物產，往往能喚起台南囝仔的童年記憶。就像嬰仔時被母親抱到廟埕看大戲，那股花果混合焚香的糖葫蘆味，還有耳邊響起開鑼起鼓的鏗鏘魔幻聲，總是能引發嬰仔無比的好奇心。等到年紀再大些時，大人就不希望讀書囝仔到廟前廣場去玩耍了，因為擔心會流連陣頭，荒廢學業。但這種傳統的刻板印象，如今卻有了翻天覆地的大逆轉。

臺南市鼓樂協會練習的大本營位於佳里區三協里菜寮—朝安宮，從高鐵站過去約半小時車程，原本安靜的路程，直到一群青少年奮力繞著廟宇向前跑，車窗外才出現了新奇的風景。循著他們環繞的路線遠眺，前方佇立了一座巍峨的宮廟。「朝安宮到了，你們要先拜拜嗎？」車子在雞蛋花樹旁停下，看著廟埕前威武的太鼓陣，連計程車司機都好奇的下車瞧了幾眼。

◆◆◆

周日上午十點，理事長林韻慈穿著朱紅罩衫與短褲馬靴，精神抖擻地指揮團隊，她的丈夫總幹事劉勝勳也在現場忙進忙出，周圍還有一群家長坐在階梯上幫孩子整理儀容、綁馬尾、化妝及搬鼓具。跑回來的孩子氣喘吁吁、露出紅紅的臉蛋。累了嗎？練習都還沒開始呢，這裡的規矩是要先跑步、練肺活量。

「才讓他們跑一圈而已，體能訓練很重要，因為打太鼓很耗體力，日本鬼太鼓團員練習之前可是要先跑十二公里喔！」林韻慈笑道。

林韻慈培育龍之鼓太鼓團，結合特殊轎前鼓文化，讓特殊民俗樂得以傳承。

林韻慈出身台中，因從前姓朱，故有小朱名號。從南台科技大學電子通訊系畢業後，擔任業務助理，但職場運氣不佳，一直不見升遷。又因加入直銷，自掏腰包提供的贈品比折扣還多，漸漸背負一身債務。她自我調侃：「我是工科女生，會算數學，但商業頭腦沒有比較好喔！」豔陽照耀在她精緻的臉龐，一雙水玲瓏的眼睛，兩頰泛著紅蘋果，簡直活脫脫的像個日本娃娃。

經朋友介紹，她轉職到當時奇美集團子公司─奇菱科技股份有限公司擔任儀校助理工程師，也在這裡認識真命天子劉勝勳。在因緣際會下，姑姑朱淑惠向她推薦台中奧福音樂公司要在南部成立，正在尋找奧福音樂老師。喜歡孩子的她，從小具備鋼琴、吉他及合唱團等音樂底子，再加上大學時期參加團康社團，訓練了帶孩子的能力。於是林韻慈便前往面試，順利成為幼兒音樂才藝老師。

打擊樂有諸多形式，為什麼對太鼓情有獨鍾？她說：「鼓最容易入門，剛開始學時比較不會有壓力，因為在媽媽身體裡就有聽到鼓聲了啊！就是媽媽的心跳。任何人聽到鼓奏都會被吸引，許多人說孩子喜歡敲敲打打，是因為想要找回熟悉感。」

林韻慈希望帶領孩子快樂學音樂，在接觸和太鼓（わだいこ）後，發現很適合結合在地文化與遊戲，方便幼兒與樂齡族群體驗箇中樂趣，於是便一頭栽入研究太鼓的世界，並於二〇〇五年創立芸逸音樂工作室，是芸逸鼓樂表演藝術團的前身。

此時，佳里區三協里博士里長黃森源得知地方信仰中心朝安宮有特殊的轎前鑼鼓文化，耆老們雖有心傳授，但年輕一輩卻興趣缺缺。民風淳樸的菜寮，究竟要如何重振旗鼓呢？

林韻慈（小朱老師）

台南藝術大學民族音樂學研究所、美國普萊斯頓大學（Preston University）音樂系研究所 、中國基督學院音樂系及南台科技大學電子通訊系畢業。2012 年成立臺南市鼓樂協會。負責創作、編曲、編劇，並於台南市各級學校與社區輔導太鼓社團、表演團隊，與培訓師資。

廟前出擊，傳承轎前鼓

當小朱老師帶孩子在廟埕前演練時，菜寮朝安宮主委黃茂章帶著微笑慢慢地走來，他遞上廟宇簡介並親自提供導覽，讓人開始對這棟新廟肅然起敬。冊子上慎重地介紹朝安宮沿革，一九七二年在此建有公厝，主祀李府千歲及吳府千歲，二〇一〇年開工建新廟，並於四年後入火安座大典，石雕、泥塑、剪黏、門聯及門神彩繪各顯奇美，其中左半壁的巨幅壁畫似乎藏有蹊蹺。走馬看花時，以為是忠孝節義的歷史故事或是八仙過海、九天玄女之類的神話，但結果竟然是剛剛在廟前打太鼓的那幫人馬，林韻慈與龍之鼓太鼓團！

為傳承轎前鼓文化與彰顯地方特色，朝安宮在新廟建設完成隔年，廟方委任彩繪師傅許良進把常年在此練習太鼓團的師生繪在左壁。作品以朝安宮舊廟為背景，大陣仗的鼓團佔滿了半幅畫，二十名威風凜凜的鼓手、身著紅、藍團服，人人頭綁布條、張口吶喊，站立於大鼓前的林韻慈更是一手伸前、一手在後蓄勢待發。這面牆同時也象徵了里民與太鼓團熾烈的決心。

可是太鼓不是日本文化嗎？與台灣宮廟有什麼關係？

◆◆◆

在菜寮建廟前，為參與廟會遶境活動，村民使用麻豆鼓搭配鑼鈸打出轎前鼓樂，引導廟會神轎前進，以利展現王爺出巡的神威。目前傳承下來的傳統鼓點，是由當時第一代鼓手萬成伯等人自行創作，之後透過口傳心授，再培養出第二代轎前鼓成員，他們多半是從童年開始追隨前輩，先學鑼鼓點節奏，再從鑼鈸手升級為鼓手。但因大鼓節奏快速、輪鼓手法難以口傳，以致長期都缺乏鼓手。

為傳承轎前鑼鼓陣文化，二〇〇五年黃森源希望能深耕在地文化，特別央請北門社區大學尋找鼓隊老師，於是推薦林韻慈到朝安宮開設兒童太鼓班。當時報名的學生，都來自不同學校，但以臨近的子龍國小學生居多，因此小朱老師就命名為「龍之鼓太鼓團」，並由黃森源補助經費，希望為傳統的轎前鼓文化加入新元素。但因當時多為低年級學生參與，以致無法學習較複雜的轎前鑼鼓樂，因此還是由二代鼓手擔任。

二〇一三年時，因緣際會，團長林韻慈受捷克交流協會邀請至捷克共和國參與第九屆 Bystrice 國際民俗藝術節，並帶領龍之鼓太鼓團參加盛會。演出時深受捷克當地居民、Bystrice 首長及 Zlin 省議會議長等人好評。接著又於二〇一四和二〇一五年受邀至日本參與太鼓祭演出。此外，也時常受邀至全台各地演出，並參與鼓陣比賽。

出國演出時，特別安排台灣傳統鼓陣文化，但因大鼓運送不易，因此改採當地的平太鼓，但此部份卻讓林韻慈在異鄉陷入文化矛盾。「在城堡前彩排時，路過的外國人問我：『這種鼓我看過，你們是日本人嗎？』當下讓我衝擊很大，疑惑自己到底是誰？」為了鑽研台灣鼓藝文化的根源與流變，她排除萬難考進台南藝術大學民族音樂學研究所，一邊工作一邊讀書，並完成論文：〈台灣醒獅戰鼓的演奏態與詮釋—以「擂鼓戰車」為例〉，並於二〇一九年畢業。

二〇二〇年朝安宮於參與佳里蕭壠香科出轎時使用宋江鼓。研究廟會文化的一位法國博士艾茉莉，當場詢問委員黃清海為何沒有使用傳統鑼鼓？並強調轎鼓聲很特別、也很好聽，一定要傳承下去！黃清海馬上告知黃森源，於是黃森源應允贊助所有鑼鼓樂器，而林韻慈則召集芸逸鼓樂表演藝術團團員一起學習朝安宮的特色大鼓陣，並由老鼓手黃萬成及二代鼓手柯宗佐、廟祝陳省鄉熱心指導，林韻慈則負責採譜與製譜。

談到太鼓，一般人都認為是日本的文化音樂，其實太鼓是起源於中國，再經過日本在地改良。太鼓大多以牛皮製成，有大太鼓、桶胴太鼓、締太鼓及平太鼓等種類。至今也發展多種表演形式，有迎神、驅魔，或是戰爭鼓舞士氣、節慶歌舞助陣等作用。

林韻慈也努力自學和太鼓，並累積五十首以上的創作與編制，堅持走出日本傳統，故名為創意太鼓。表演服裝早期以黑色為主，因為日本視黑色為專業，但在廟宇則以喜氣洋洋的紅、黃色較討喜，所以就彈性變化色彩。她說：「創作不侷限在傳統節奏裡，譬如早期創作的〈撼動〉，就結合台灣的鑼與醒獅鈸，每次表演都特別震撼人心，孩子學習時也容易上手。而有些曲目雖然來自日本，但透過台灣團隊演出也都能賦予不同的詮釋。」

為了爭取更多經費，提供團員舞台表演經驗及進行台日兩國交流，林韻慈與朱淑惠於二〇一二年共同成立臺南市鼓樂協會，目前協會約有八十人。「我們不只是辦活動，更要給孩子舞台。傳統認為在廟裡混的孩子是做歹代誌的，我們要打破這種思維，所以我們用太鼓切入，再帶入台灣傳統文化。協會成立後，不定期邀請藝陣文化專業老師教授電音三太子、舞龍舞獅及旗隊等技藝，之後甚至連仁德、永康、六甲、麻豆、西港及新營等台南各地居民都來參加，讓社區孩童在課後有更多的學習機會。」

朝興啟能中心邀請林韻慈擔任太鼓老師。透過音樂治療，期許憨星兒了解天生我材必有用，肯定自己也有能力貢獻。

鼓樂家庭，親子慶同歡

有別於傳統太鼓的沉重肅穆，林韻慈的領導哲學是注重專注、笑容與家庭感，並視為提升質感的關鍵要素。

練習方法可以從打膝蓋開始，先跟著節拍器練習打節奏，過程中要專心看著前方，打出力道和情緒。林韻慈說：「要讓小朋友專注看著前面好困難，往往打一打就分心左右張望，一回神就忘記打到哪裡。如果不專注，觀眾會覺得浮浮的。練習時不妨錄影，提醒自己看鏡頭。團練是在練默契，所有鼓打下去就只能有一個聲音，所以越多人打就越困難，自己要先背譜、練熟，聽懂自己的，還要聽懂別人的。」

與眾不同的是，她希望觀眾欣賞芸逸鼓樂表演藝術團及其子團表演時，都能感染到快樂，因此練習時常聽到她大喊「笑喔！笑喔！」提醒將笑容融入鼓點裡。「說笑就笑其實並不容易，因為鼓譜和動作都要駕輕就熟後才能展露自在笑容。每次日本老師都說『你們可不可以放鬆一點？』後來發現，台灣人果然比較沒自信，沒受過舞台訓練根本笑不出來。日本人練習都是面對鏡子，我們缺乏經費購置鏡面，看不到自己在舞台上的表現。」

小朱老師念茲在茲的還有增加親子互動，她認為打鼓也是一種表達，可以促進孩子學會如何與父母溝通。協會集結大大小小的子團，再凝聚成不分你我的大家庭。每次有教學或表演活動，家長都樂於陪伴並互相看顧同團的孩子。「家長都是志工，媽媽幫化妝、爸爸會搬鼓，參加台新『您的一票，決定愛的力量』活動時，家長也要負責拍照和拉票。透過才藝課賦予責任感、凝聚力，這是很重要的。」

「打鼓只是媒介，我希望孩子學到正確的觀念、態度和企劃能力，大朋友還要帶小朋友辦活動，在台新『您的一票，決定愛的力量』活動中，促票過程也能提升業務能力。像我身上的團服，圖紋也是交給學生設計，在我這裡就是要學會分工與承擔責任。」

◆◆◆

日本發展出形形色色的太鼓團體，比較各地的流派，也是學習融合、再造與推廣民俗技藝的好途徑。因此臺南市鼓樂協會時常辦理台日交流活動，除了赴日見學，每年也邀請日本的太鼓老師到台灣表演及授課。

二〇一〇年起開始，與大阪「倭太鼓飛龍」合作，這是一九九八年由日本太鼓演奏家飛鳥峯英為首創立，取自於飛鳥流，團隊使用日本最古老的傳統樂器和太鼓，並以創作最新穎的音樂為目標。二〇一九年與及川耀平、池田侑未及臺南市鼓樂協會合作台日鼓樂公益慈善公演《豬鼓震天》，演出單位還包括：嘉義市過動兒劇團、芸逸鼓樂表演藝術團，以及佳里區菜寮朝安宮龍之鼓、永康區廣興宮童之鼓、南關社區大學緣之鼓、新營區親之鼓、仁德民安宮太鼓團及歸仁區育園表演藝術團等團隊。

有別以往的演出，林韻慈也邀請家長粉墨登場，與鼓團孩子共同扮成粉紅豬家庭，劇中更納入環境、愛護動物及霸凌等議題，是結合太鼓、舞蹈與戲劇，又因欣逢豬年，豐富的演出型態也受到觀眾熱烈回響。

◆◆◆

受到經費限制，林韻慈經常一人分飾多角，不只教學、作曲，還編寫音樂劇劇本，她也思索如何在劇情中介紹台灣傳統文化，並串連所有曲目。目標是想幫團隊開闢更多的表演機會，進而走向演藝廳殿堂。

林韻慈說：「協會每年固定舉辦兩場大型活動，一場是進入演藝廳表演，另一場則是戶外的成果發表會，也就是聯校展演。我教授很多學校，也培訓全台很多師資，台南從前只有十幾隊太鼓團，現在已發展至六十幾隊，國中從六、七隊太鼓社，推廣到現在有快三十隊。孩子每次出去比賽，成績不好時就會很失落，我很心疼。太鼓不是一天、兩天就可以練好的，要花費很多時間和心思。」然而勝負有數，更重要的是透過競賽可以互相觀摩，而聯校展演也能兼顧表演、旅遊及做公益等多元價值。

臺南市鼓樂協會每年向台南市文化中心協調出借假日廣場表演，也曾在安平天后宮舉辦百人演出。「進入演藝廳表演可結合燈光效果做夜光劇，或打破舞台界線，玩丟大球等互動遊戲。家長都是志工，要幫忙演戲或推球，舞台佈景也是老師、家長一針一線用不織布縫起來的。我們的票常常開放不到一周就被索取一空。」林韻慈驕傲地說道。

至於定期舉辦的公益慈善展演，則透過活動募集弱勢單位所需的物資，或廣邀台南

小朱老師的臺南市鼓樂協會團隊充分落實鼓樂教育，並積極推廣台灣民俗文化。

市弱勢團體免費擺設攤位，並號召團員與觀眾一起捐發票給社福機構。每逢暑假，協會也會帶領學生到育幼院、養老院或教養院進行公益演出，或是請團員教導偏鄉孩子打太鼓。每次演出都是增加自信與曝光的好機會，也讓孩子將所學的太鼓發揮到淋漓盡致。

跨界激盪，成就環島巡演

臺南市鼓樂協會的經典事蹟首推二〇一六年八月與台南朝興啟能中心合辦的「憨兒環島夢，鼓動愛無限」活動。為期七天的環島巡演，首先在台南市政府由當時的市長賴清德授旗，出發後行經屏東、高雄、台東、花蓮、宜蘭、台北、新北、桃園、新竹、苗栗、彰化、雲林及嘉義等十三個縣市，共在十五家教養院、養老院及兒童之家演出。

為推動音樂治療，朝興啟能中心邀請林韻慈擔任憨星兒的太鼓老師。協會每年公演也固定與朝興合作，期許憨星兒能透過表演，了解天生我材必有用，肯定自己也有能力貢獻。得知這些憨星兒平常出門不易，也有人沒去過東海岸，林韻慈便發起環島計畫。「我想帶他們去看看台灣美麗的風景，不只是玩，也希望帶著他們到各個社福機構去表演，展現打鼓實力。讓他們在受助之外，也能用表演回饋社會。當他們知道要環島都超級高興！」

為了幫這些憨星兒圓夢，臺南市鼓樂協會也幫忙募款，湊齊了龐大的交通與食宿費用，朝興也派員隨隊照應。「出發時，在台南市政府準備接受市長授旗時，有位督導跟我說：『小朱老師，妳真的太厲害、太勇敢了！全台灣很少人敢像妳一樣帶這些憨星兒出門過夜，因為有些人是無法控制自己的行動，有時會亂跑。』我聽了之後很害怕，但已經來不及反悔了。」為了節省經費，住宿大多選在郊區的廟宇。第一天晚上，林韻慈就集合眾人並告誡：「廟宇附近沒有住家，也沒有人，跑出去會沒東西吃喔！」所幸一路上都很平安、順利，憨星兒們也很聽話。

之後，這些憨星兒在台東車站前進行快閃秀、在海邊演出，也登上鹿野高台在遼闊的大自然間擊鼓。到台東慎修養護中心表演時，慎修看到憨星兒打太鼓也深受激勵，於是也想籌措旅費，希望能帶院生一同旅遊去看看外面的世界。

太鼓齊鳴，獨奏會發光

全台灣第一人的太鼓獨奏會，就是由林韻慈寫下這項紀錄。

二〇一八年九月，她在新化演藝廳舉辦「林韻慈鼓樂獨奏會暨碩士畢業獨奏會」，海報上她站立於大太鼓前分身成兩個角色，一個是花衣黑褲裝的台灣戰鼓（又稱醒獅鑼鼓）手，另一個是身著婉約櫻花粉和服的和太鼓手，象徵台日兩種鼓藝交流，演奏曲目包含：大太鼓、背桶胴鼓及組鼓打擊，並邀請華之和音日本箏團隊、在日本非常知名的林田 ひろゆき（林田博幸）同台演出。票券也在兩天內被搶光，表演也獲得了滿堂彩。

那場獨奏會她一人打了快兩小時的太鼓，而且沒有中場休息。那陣子為了訓練體力，林韻慈天天上健身房訓練肺活量，還同時要撰寫研究所論文。「很多打擊樂僅是訓練手腕的力氣和速度、靈活度，打太鼓則是全身上下大肌肉的運動，打完一首就累到爆，很考驗體力，雖然不簡單，但我喜歡挑戰。」

不求回報，天公疼憨人

視人如親、凡事不遺餘力，是林韻慈的處世之道，但因為「和太鼓隸屬日本傳統文化」這個印象實在太過根深蒂固，以致每年申請政府補助時還是碰了一鼻子灰。好在有夥伴與廠商力挺，如音響廠商採半贊助方式幫忙辦活動，朝興啟能中心執行長徐培凱也介紹一起參加由台新銀行公益慈善基金會舉辦的「您的一票，決定愛的力量」。臺南市鼓樂協會提出參與「文化教育領域—研華文教公益獎」，在二〇一二～二〇一六年間前後進行五次申請，每次皆訂立三大目標：培養表演藝術人才的國際觀，提升各鼓樂團隊的良性競爭、增加民眾觀賞鼓樂節目的興趣，以及協助弱勢團體義賣與募款等。

得獎共取六名，首次參加時團隊剛好掉在第七名，那年幸運地以加碼獎獲得十萬元補助。到了第七屆，台新第一次舉辦全台快閃促票活動，當時林韻慈帶著團員坐火車到台東，又開車到嘉義、台南等城市，用氣勢磅礡的太鼓表演與台新的吉祥物一起吸引人潮，為弱勢團體拉票。但也因為重心都放在表演，以致疏忽為自己拉票而掉出榜外。雖未得獎，但因努力有被看見，還是獲得加碼獎鼓勵。

「當時接到電話說獲得加碼時，我當場掉淚，原來做好事會被看見，而且隔年舉辦公益慈善活動的經費終於有指望了，非常感謝台新與研華文教基金會的推薦！二〇一五年時研華文教基金會總監林基在還特別南下來看我們的慈善公演。看到南部有那麼多人為文化教育付出和努力，林基在總監非常感動，也鼓勵我們堅持下去。」

經歷五次「您的一票」活動的洗禮，協會凝聚更團結的向心力。從十個學生一同出門表演、拉票，演變成上百人合作促票，去年家長們還特別把十一月的假日都空出來，全力與團隊並肩作戰舉辦公益表演。林韻慈表示，拉票過程常要面對社會大眾的拒絕與白眼，因為以外界的觀點，協會不是慈善單位，所以尋找經費和促票都很辛苦。起初她獨自帶領團員用表演換取觀眾的支持，慢慢獲得家長的肯定後，家長們也會主動請圍觀的民眾一起投票。

「促票讓我們學會如何行銷自己，讓大家看見。林基在也說：『妳真的在深耕文化教育，不只是才藝老師而已。』我們本來都是只會做事，卻不知道如何跟大企業合作。增加曝光率後，反而獲得更多的商演與媒合機會，幕後最大的功臣是『您的一票，決定愛的力量』活動，讓我們走出去。」

◆◆◆

研華文教基金會從二〇〇八年起開始推動社會公益提案，並設立平台集中、多元利用資源。為擴大能量，二〇一一年加入台新銀行公益慈善基金會舉辦的「您的一票，決定愛的力量」提案平台，成立「研華文教公益獎」，獎勵對象為致力環境保育、社會公益及文化教育領域的團體。經由提案角逐、全民票選，每年提供一百五十萬元，贊助獲獎單位，並視情況提供特別加碼獎。

太鼓的學員由幼兒、國小至高中學子、銀髮族與身心障礙者組成，證實太鼓適合每個人學習，同時也反映出團隊無與倫比的包容性。

您的一票，決定愛的力量快閃活動，於台南水萍塭舉行，由臺南市鼓樂協會帶來鼓樂表演，吸引民眾目光。

研華文教基金會總監林基在表示，基金會所屬的研華科技公司於一九八三年成立，秉持「以創新科技豐富人類的生活，落實美滿人生」之信念，於一九九七年成立基金會，推展美感教育、產學合作、人才培育及藝文推廣等核心工作，終極目標是創造美滿人生。

林基在非常激賞林韻慈，「她不只具備專業能力，更有高ＥＱ與號召力，帶領團員與家長一同為協會付出。」林基在難忘在二〇一五年參與臺南市鼓樂協會的慈善公演，他說：「小朱老師對學校、社區是全面推廣，是每場演出的靈魂人物。不只自己創作曲目、編寫劇本，也像花蝴蝶一樣快速變裝，並主導節目的精湛演出。而協會的志工都是家長義務幫忙，這種團結一致的精神，令人動容。」

◆◆◆

林韻慈帶領的學員由幼兒、國小至高中學子、銀髮族與身心障礙者組成，這道燦爛的光譜不僅證實太鼓適合每個人學習，同時也反映出團隊無與倫比的包容性。

「我的教學心得是，特殊的孩子不能用特殊方法，而是要用一般教小孩的方式。就算每次都亂打也沒關係，就來玩，久而久之節奏都可以跟上。要多學習關懷、體諒，不能因為他們特殊就排擠，不能因為缺陷而有另類眼光，要一視同仁。」曾經指導過許多缺乏注意力的過動兒，經過訓練後專注力大增，也有能力上舞台，台下的媽媽看了都激動落淚，連學校老師也來跟小朱老師致謝。

團隊裡有來自各種家庭的孩子，在調皮搗蛋與陰晴不定的情緒背後，其實都有一顆受傷的心。林韻慈對學生視如己出，但獎懲制度也公正嚴謹，因而能獲得孩子與家長們的敬重，這些年來拉回不少誤入歧路的亡羊。「團員必須接受規範，有孩子被升上正式團員後就開始自以為是，我把他退回成預備團員，並告訴他：『我給你機會，我希望你可以做到。』讓他在挫折中反思自己的行為與處境，通常在經過深談後，孩子的狀況會越來越好。」

貫徹美事，燃放人間鼓韻

台新銀行公益慈善基金會張瑋珍表示，小朱老師非常親切、真誠、又有理想，且樂於付出，她要求臺南市鼓樂協會要表現出日本職人的精神，表演不是只有形而上的獨樂樂，而是要能與眾人同樂，太鼓打出來非常精采又具有震撼力，馬上能讓現場群眾感染到積極、正面的氣息。

「小朱老師除了教太鼓，還協助各地區成立鼓樂社團，做了很多公益事業。最難忘的是，當每年十一月台新舉辦全省促票快閃活動時，只要他們敲響太鼓，登高一呼，立即吸引大批民眾駐足，紛紛停下腳步，瞭解狀況，讓社福團體有機會向民眾介紹活動，邀請投票。」正因為在過程中看見鼓團的努力及付出，台新還特別推薦給研華加碼給予鼓勵。

「聽到太鼓可以這樣演奏，絕對能鼓勵大眾朝自己的目標勇敢前進。小朱老師的願景遠大，我們都能感受到她的強烈企圖心，一定要繼續加油！」

◆◆◆

臺南市鼓樂協會未來計畫將太鼓發展得更加多元，並舉辦太鼓檢定，以及帶孩子到各地演出、看世界，帶給觀眾更多歡樂與文化刺激。小朱老師說：「非常感謝各界人士幫忙，讓我能帶領孩子持續用鼓藝做公益、不斷實現夢想。」

熱力四射的林韻慈、靦腆的劉勝動，一起坐著聊著未來的願景。從小在廟裡與鼓團共同玩大的女兒劉詩芸，一邊靜靜的聽著大人說話，一邊也像打鼓般的咚咚的打起膝蓋，像是為爸爸媽媽助陣、加油！

是的，神的孩子在擊鼓，那是媽媽的心跳聲，我們深感共鳴，而且不會忘記。●

善的迴響

一、「愛的力量」平台對於您個人和機構有哪些關鍵性影響？

透過「您的一票，決定愛的力量」看到台灣原來有那麼多單位需要社會的支持與幫助。有了平等的機會參加提案、募票，各單位無不發動眾人力量努力促票，把握機會曝光機構，同時鏈結更多愛的資源、激發新契機，令人感動不已。

1. **用鼓樂提倡善力：**「愛的力量」平台鼓勵我們發揮自己的優勢，並團結眾人的力量，讓個人目標擴大成集體目標，一起努力會實踐得更好
2. **沒有白吃的午餐：**「愛的力量」平台改變所有學生和家長的態度，知道經費不會憑空獲得，要怎麼收穫先怎麼栽。
3. **有公信力：**「愛的力量」平台透明化的提案機制與企業品牌公信力，讓有意贊助的個人或單位更加安心，不必擔心款項或物資被濫用。
4. **利人利已：**設定一個人可以投十票的機制，代表要表述自己，並且看見他人，在幫助自己同時更要幫助其他單位。協會亦與不同單位結盟，攜手實現目標。
5. **不放棄希望：**深切感受到「愛的力量」平台對全台灣各家社福機構的努力和付出，不斷媒合有能力的天使提供協助，也讓弱勢單位體悟自助人助，絕不能輕言放棄！

二、晉升畢業團體後是否透過「愛的力量」平台所學，有自發性的創造或改變？

1. 感謝「您的一票」舉辦快閃活動，讓推廣鼓樂的我們自然而然地想到可以運用聲響號召附近的人潮，主動幫各單位促票，串連更多愛的力量。
2. 凝聚學生與家長全體出動，透過鼓樂演出吸引民眾駐足觀賞，並藉此促票。學會主動出擊、策劃活動，以及勇敢面對挫折的態度。

年度	獲獎組別	提案名稱
2015	文化教育－研華文教公益獎	【歡欣鼓舞、築夢、圓夢】年度公益展演
2016	文化教育－研華文教公益獎	藝鼓作氣－年度鼓樂公益展演
2017	文化教育－研華文教公益獎	2018 年鼓樂公益慈善公演
2018	文化教育－研華文教公益獎	「鼓」動愛，讓愛「樂」長在
2019	文化教育－研華文教公益獎	2020 年鼓樂聯校公益慈善公演

臺南市鼓樂協會

學習關懷、體諒，不能因為他們特殊就排擠，不能因為缺陷而有另類眼光，要一視同仁。

臺南市鼓樂協會　***林韻慈***

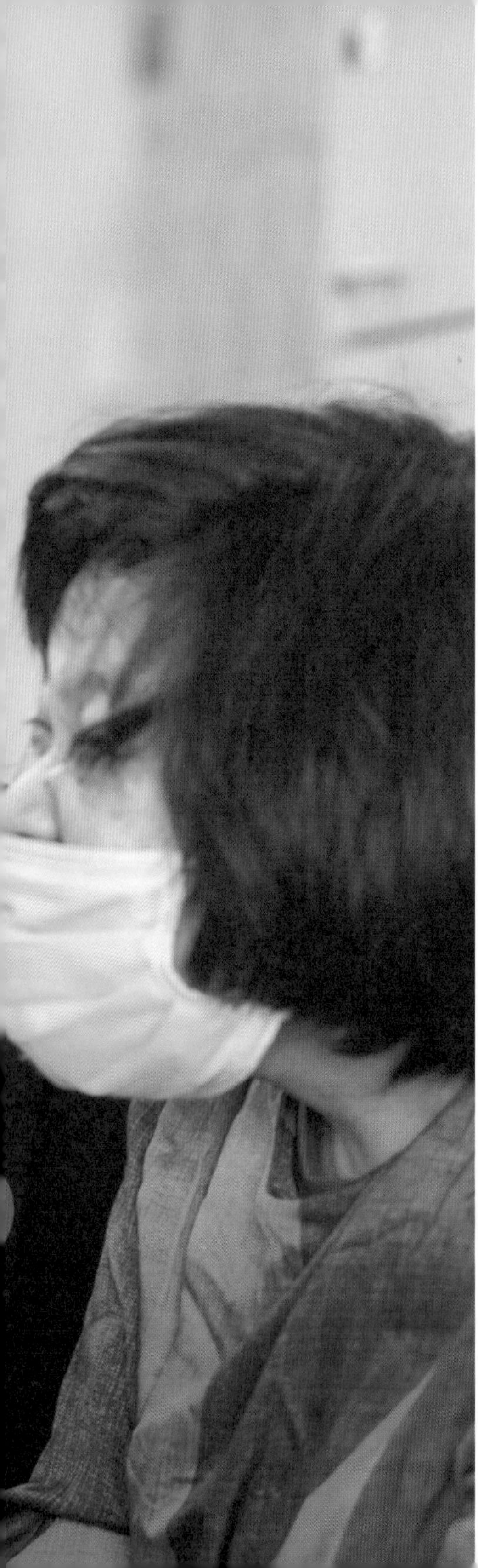

台東縣私立牧心智能發展中心

許秋霞主任
讓後山憨兒擁有愛的心樂園

台東縣私立牧心智能發展中心是後山身心障礙機構的先驅，主要協助智能障礙者生活自理訓練、身心療育復健、社會適應及技藝陶冶，並成立多元化的庇護工場，烘焙坊、餐坊、布坊及清潔隊，以提供高水準的商品與服務。同時也成立志工隊，讓憨兒回饋社會，促進社區融合。

Minc

複習心跳，老夫妻再次浪漫

許秋霞真愛笑，聽到一句「嚟自香港嘅朋友」便笑得合不攏嘴。二〇〇一年她從香江嫁來台灣。出身教職的她，原以為會一輩子當公務員，沒想到三十幾歲時考上社工師，繼而成為一家社福機構的主任。她一邊補妝，一邊抿唇得意地分享：「我最喜歡這個口紅了，裡面有添加精油，是去年辦活動時做的。」

話語中的活動不是為身障學員所舉辦，而是針對其家長，且僅限中、老年夫妻。怎麼社福機構還要充當紅娘，難不成是要鼓勵移情別戀，還是倡導黃昏之戀？其實都不是，真正的原因是—希望鞏固家庭價值。

許秋霞原本在香港擔任小學老師，來到台灣後，從事幼稚園老師、輔導高中職特教班學生踏入職場，在教育過程中發現許多孩子的問題是源自於家庭，要協助孩子，得先解決家庭問題，過程中往往需要連結社會資源，才能有效改善狀況。因此她決定進修社工專業，希望為兒童、少年、老人及身心障礙者等弱勢族群謀福祉，進而解決社會問題。

「一般社福機構都是舉辦親子教育營，我發現中年或老年父母們。因為照顧憨兒勞勞碌碌，常常為了孩子而忽略自己，甚至連出門旅行都不敢。加上我也結婚生子，深刻體會要有美滿的家庭才會有幸福的孩子，如果父母很冷漠，孩子也不會幸福。所以從二〇一六年十二月開始，牧心每年都會為家長舉辦一次活動，希望透過旅行或ＤＩＹ活動，來喚回彼此心跳的感覺。」

台東有好山好水，但辛苦的家長卻無福消受，因此幫家長們安排兩天一夜的小旅

牧心的生活空間開
放，讓孩子可以了解
天氣轉變，開放他們
的心胸。

行，讓大家一起享受山海美景，大啖原住民特色料理，入住溫泉飯店泡湯舒壓，然後開開心心締造共同的回憶。團體旅行不僅能串起夫妻情誼，同時也凝聚家長對牧心的認同感。

旅行中再辦些自製口紅、口罩等工藝活動，既實用又好玩。中心老師會以「一湯匙溫柔、一湯匙包容」等比喻，來提醒夫妻互助互重。許秋霞說：「生活中一定要有情趣，在活動中可以看到許多有趣的互動。有家長說：『我老婆怎麼擦都不漂亮啦，寧願她淡淡的』，雖然口中這麼說，但在選色中卻又看到丈夫的用心。口紅擦在老婆嘴唇上，老公又可以欣賞自己的傑作。我非常享受這樣的畫面，因為家庭幸福才有善的循環。」

許秋霞說：「機構不能取代家庭，但可以增強功能。家長的溺愛或放任並非惡意，而是源自於認知上的落差或是心中的不安。要讓家長看到我們對孩子的用心，人家才敢放手把孩子交給專業。」

從生活環境、個案故事、烘焙坊發展及布工藝產品，在在看出牧心在療育及影響群體生命價值的用心。殊不知在牧心成立之前，全國只剩台東沒有設立身心障礙者的安置機構。牧心是一點一滴從零開始建構，而當初墊尾起跑的單位，如今已茁壯成為東台灣指標性的社福機構，不管是日間照顧、住宿式照顧、支持性就業及庇護工場……等服務一應俱全，連自製產品也是有口皆碑。

怎麼辦到的？許秋霞說：凡是真心就可以被感受到。

療育憨兒，家長團結關家園

牧心位於台東機場附近的民航路上，這裡猶如一片小綠洲，徐風吹來，別出心裁的園藝景觀更是綠意盎然。療育訓練館門前樹立的雙心標誌非常吸睛，約莫兩公尺高的黃、橘色鏤空同心造型，形似兩人心手相連，好像同聲在說歡迎光臨。而地上栽種了洋溢熱帶風情的多肉植物，還有大如艷陽的花朵、精神抖擻的綠葉，以及散落角落邊的許多熊貓彩繪小石頭，形成了一塊奇幻的生態聚落。光是一座標誌就可以濃縮成一部宮崎駿動畫，許多人都會選在此處拍照打卡！

「這些都是老師帶著孩子一起種的，沒什麼特別照顧就長成這樣。」許秋霞一腳踩在石頭上，彎身順手理理花葉，還提出自己的觀察：重要的不只是陽光和水，還要有風。她緩緩揮起手來、左右搧動。流動的風讓植物的生長環境遠離潮濕鬱悶，也幫助傳播花粉與種子。」身障孩子何嘗不是如此？需要安身立命的所在，也需要與外界互動，從而獲得生命的自由。

◆◆◆

牧心成立於一九九七年十月，在此之前，全台灣只剩下台東沒有安置十八歲以上身心障礙者的機構，孩子在國中或高中畢業後，若不是安養在家，就是翻山越嶺到外縣市尋求教養服務，常常造成骨肉分離，形成相見時難別亦難的情形。為了解決台東縣成年身障者的照護需求，牧心在一群社會熱心人士及家長團體的協助下成立。

許 秋霞

2001 年從香港嫁至台東。香港教育學院、台東大學教育碩士畢業，2015 年考取社工師，同年擔任財團法人台東縣私立牧心智能發展中心主任，投入身障領域近 20 年。

「我常常跟夥伴分享，服務不難，因為需求在哪裡，服務內容就在哪裡。」許秋霞表示，多元與完善，一直是牧心努力的方向，因應社會環境、政策等變遷，機構也要勇於求新求變才行。

牧心起初的規模，僅能提供〇～五十歲的日間照顧服務。在社區租房子時，除了缺乏無障礙空間，人力也頗吃緊，在行政、教保及管理訓練等各方面，也都面臨困境。為了永續經營，於是開始向社會大眾與企業募款，也在衛福部的支持下分階段蓋療育館，二〇〇八年終於搬進位於民航路的據點。由於學員的家長日漸年邁，更因住在偏遠地區而不堪長途跋涉，因此住宿需求不斷增加，目前已增加了夜間住宿式照顧。因應台東有了其他的專業早療機構，因此調整為服務十八～五十歲的身心障礙者，並增加庇護性就業以及日夜間社區式照顧的項目。目前牧心每年照顧近一百七十名身心障礙者，年度服務量超過四萬人次。

走入牧心，每個角落都有不同的風景，都能吹到舒適的微風。三層樓的建築物採環保設計，一樓是營業場所，有烘焙坊及餐坊，學員可在此與廠商、客人和社區互動；二、三樓是中重度障礙學員的教室與復健區，偏向安置型設施。就像座小學校，四面建築體圍繞著中央的綠地，每間教室都有寬闊的走廊與大面窗戶，採光與通風都相當理想。遠眺可見台東蓊鬱的遠山，而近觀也可以在陽台發現學員栽種的小菜園，而每一個小盆栽都代表一份獨特的心意。

早上的晨操時間，學員與老師們會集合到一樓庭院，無論肢體協調或不協調，大夥兒都一起踏在青草地上，在陽光的沐浴下隨著音樂扭腰擺臀，花花綠綠的衣服讓牧心的大孩子們變成隨風搖曳的花朵。比較活潑的孩子有時會逗弄文靜內向的同儕，他們不分你我，熱情地拉起手來一起轉圈起舞，在運動時也輕鬆促進彼此的情誼。

小慧（化名）是甜美的舞蹈小精靈，有強烈的節奏感，每當音樂響起，她的身體總會自然地跟著節奏律動起來，在中心的各類課程中，小慧最喜歡參與晨操及音樂律動。為了提升她的學習動機，聽音樂跳舞便成為一種正向增強，每當完成一項訓練課程（例如用摺衣板摺衣服）之後，老師便會保留十五分鐘讓她輕舞飛揚。

下午的園藝整理是「阿牧小作所」學員最愛的休閒時光，大家分工合作的整理花園，一邊理理盆栽，一邊輕鬆聊天。透過照顧植物的過程，不僅提供大小肌肉、手眼協調及視覺空間感等肢體方面的訓練，同時也在植物的成長過程中，獲得無限的驚喜和生活樂趣。其實不必等到開花結果，光是觸摸土壤、嗅聞泥土氣息，就能接收滿滿的療癒力量，有助於穩定情緒及減少行為問題。

和睦班教室前的陽台種了數種蔬果，此處是小花（化名）的開心農場，雖然她照顧植物的能力有限，無法判斷要澆多少水、裝多少土，但在教保員一個口令、一個動作的指導下，依然種出一方燦爛。每當小花小心翼翼地拿著澆花器，嘩啦啦地澆在植物上，她的笑顏有如驕陽，讓花草的生命也元氣滿滿。

許秋霞笑著說：「牧心的生活空間很開放，通透的視野可讓孩子了解晴、雨天的轉變。上課的地方不是只有教室，也可以在草地上面打球，或者什麼事都不做地躺著。台東人崇尚自由，在部落或鄉下長大的人特別熟悉腳踩在土地上的感覺，碰觸泥土可連結他們的生命記憶。在好時光的花園裡，有種菜、草莓、百香果和多肉植物，

庇護工場能夠讓孩子
增加生活、工作技能，
展示他們的能力。

每個孩子都有自己的澆花器或水桶。原本是因孩子有情緒障礙問題，來做園藝治療，希望透過摸土、剪葉子來幫助孩子舒壓、情緒轉移，沒想到可以種得這麼漂亮，還可以拿去餐坊販售。」

◆◆◆

身在後山的台東牧心，是如何串起與台新的緣份呢？

許秋霞表示，牧心與台新相遇於二〇一四年，是台新在17Life團購網站上主動號召民眾認購牧心月餅並轉送給嘉義弱勢家庭等。坦白說：「當初牧心是受寵若驚。」因為以台新這麼大的一個企業，竟然能發現偏鄉社福機構，還主動幫忙，而且台新志工很熱心，不只是透過電話，更是翻山越嶺親自來到台東，除了關心我們，了解困境，還鼓勵我們參加「您的一票，決定愛的力量」，爭取經費及對外自我行銷的機會。

由於牧心療育訓練館及住宿家園，部分設備已老舊、不堪使用，住宿生得忍受熱水忽冷忽熱，尤其是刺骨的寒冬最為煎熬。就連每天使用的座椅也暗藏危機，坊間常見的廉價折合或是塑膠椅不但損壞率高，也不符合身障者需求。另一方面，身障者需要時常活絡筋骨，才能降低急速老化、退化的風險。偏偏中心創立十年了，依舊苦無戶外運動設備，師生們經常得勞師動眾徒步或搭車到鄰近的公園使用戶外體健器材，在風雨交加的天氣下顯得更加折騰。

為了使學員獲得更安全的住宿品質，與提升訓練、復健等服務，牧心在二〇一五年首度參與「您的一票，決定愛的力量」活動，並陸續五次獲得經費，順利將真空管太陽能熱水器汰換為熱泵熱水器，並添換可調式的功能型座椅，降低身心障礙者的脊椎壓力負擔，以及在牧心社區住宿家園、牧心療育訓練館建置兩處戶外體健器材區。

擁抱工作，沒有學不會的孩子

從小作所、庇護性就業，到真正踏入職場，身心障礙者的就業道路並沒有標準時程，就像玩桌遊一樣，有時還得倒退回前一關重新接受訓練。普通社會新鮮人求職尚且關關難過，而身障者的就業又要如何過關呢？

投入身障領域近二十年、也輔導過許多孩子就業的許秋霞說：「社會上的善還是多過於惡，一般職場薪資會按照勞基法給付，有些雇主會給更高，一個月新台幣兩、三萬元的都有。職場其實很友善，只是被負面新聞掩蓋過正面。很多雇主都很低調，聽到要採訪或發臉書，他們都會說毋免、毋免，因為為善不欲人知。如果真的碰到惡劣的雇主，也是我們的眼睛不夠雪亮，就服員要自我檢討。」許秋霞把責任拉回牧心，再次強調秉持專業幫助孩子適得其所。

◆◆◆

有別於傳統教養院著重養護，牧心堅持訓練成人障礙者各項技藝及療育復健，中心約有一半的服務對象接受庇護性工作，庇護工場類型劃分為烘焙坊及清潔工作隊，自營部份有餐坊及布工坊等。經過庇護工場的訓練，身障者能力提升後，可進一步到具包容性的庇護性就業。如果能力又再提升，就可以進入一般職場與社會融合。身障者若能真正融入社會，獲得穩定的工作與收入，便能達到自立生活的目標。

許秋霞說：「牧心是個二十三歲的機構，社會一直在變，牧心也要變，雖然弱勢，但不悲情，一定要拉高水準，並維持穩定的品質。自製產品有回購率，才會有競爭力。」

如何檢驗品質？以烘焙坊生產的炸彈麵包為例，某次她吃了秤砣鐵了心、連續退貨一個禮拜，因為一刀切下時，奶酥不是浮在表面就是擠在旁邊。「師傅也很嘔啊，因為餡料是孩子包的，但就是要這麼嚴格要求。老師必須教會孩子要掌控品質，如此服務才會好，未來才能跟社會接軌。」

烘焙坊裡的師傅一個人要帶六位憨兒，除了基本製作技術，也需要善用輔具來幫助孩子突破困難。阿龍（化名）過去常弄錯物料份量、混淆放置順序，耗費一整個早上都烤不出吐司披薩，讓他挫折不已。為了提升工作產能，輔導員設計「流程提示圖卡」與「工作檢核表」兩種輔具，經過一個月的反覆訓練，終於可以在一小時內正確地完成製作。看著香噴噴的吐司披薩出爐，阿龍綻放了自信的笑顏。

與烘焙坊相連的餐坊，原先只是員工餐廳，因應附近鄰里及遊客需求變多，於是就將員工餐廳轉為對外開放的牧心餐坊，希望能讓憨兒透過服務的過程，增進人際交流。不過，當服務量變大後，餐坊的排油煙系統與設備也不敷使用，因此牧心把握最後一次

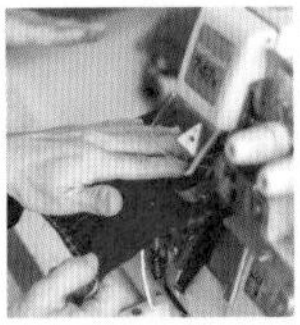

憨兒在服務、工作的
過程中，增進與人之
間的交流。

參與「您的一票」的機會，全體動員出來促票爭取五十萬元公益基金，同時另外自行再向其他企業籌募二十萬元，終於可以順利裝設風門、改善防滑地板等，讓憨兒與客人有更安全、舒適的用餐環境。

餐坊正門有一面浪漫的乾燥花牆，上面裝點一串串憨兒的彩繪明信片與遊客的祝福，前方還擺了一張可供拍照打卡的藍色長凳。菜單設計從「在地餐桌」出發，與台東農漁產業合作，在料理中融入洛神、薑黃、釋迦、石板烤肉及海鮮等在地元素，充分彰顯後山特色。此外，商品架上還販售牧心學員製作的明信片、桌曆、麵包、布袋、筆袋及盆栽等各式商品。

文青風的餐坊彷彿是一間小藝廊，感覺不再只是庇護工場，反而是放大展示憨兒的能力，讓憨兒在提供服務的同時，也能看到自己的正向成長，同時結交許多新朋友。

烘焙門市的阿南（化名），小時因為車禍損傷腦部，造成智力受損。訓練工作技能後，在庇護工場工作了十三年。阿南總是沉穩、開朗地接待每一位客人，曾有騎腳踏車經過的男子對他豎起大拇指招呼：「早安啊！我昨天買了你們做的白吐司，好好吃喔！繼續加油！」他微笑道謝。辛苦賺來的薪水，也不見阿南為自己買過什麼，而是存入帳戶用來貼補家用。他憨笑著回應：「沒關係，家人比較重要，因為我是哥哥。」

◆◆◆

位於市區的「阿牧手創工坊」，是牧心製作布藝的小作所，社會各界捐贈的衣物過多時，憨兒便會拆解舊衣，再重新裁剪、並車縫成拼布，轉印機器操作，轉化為各式環保包、筆袋及布口罩套等，而精緻又環保的產品也成功打入婚禮市場。

回想二十多年前，布坊也是從一台縫紉機開始，由擅長針車的媽媽帶領孩子從製作抹布開始，一步步地練習，才能做到如今立體的袋子，真的費了好多的心思，尤其是孩子自己不放棄學習的精神。而自製袋子的想法則始於自製的中秋禮盒包裝，要讓禮盒從裡到外顯現牧心完整的心意，此外袋子還可以重複利用，響應環保、愛護地球。

◆◆◆

以維護環境整潔為首要目標的牧心工作隊，每年提供十二名庇護性就業者工作機會，目前與台東大學、台東專科學校等公家單位固定合作。領隊的阿鑫老師不斷灌輸學員「認真、負責、乾淨、整齊及安靜」等五大原則，同儕間也要互相幫忙，合力完成負責的環境清潔任務，並確保工作品質達到標準。

庇護清潔員阿萍（化名）是四十多歲的輕度智能障礙者，因受腦性麻痺影響，走路稍有顛簸，抓握、提舉等動作施力控制亦不易。在進入工作隊前，阿萍曾於小作所訓練廚務清潔，一開始她常打破碗盤，經過不停地練習，終於通過職業輔導評量，進到庇護工場擔任清潔員。就業輔導員也與阿萍的家人溝通，協助將她的腳踏車改裝為四輪。現在每天一大早，遠遠就能看見阿萍賣力地踩著特製四輪車上班。她對工作堅持不懈、認真負責，更是學員們的典範。

牧心製作布藝的小作所，由擅長針車的媽媽帶領孩子從製作抹布開始，一步步地練習，才能做到如今精緻立體的的袋子。

牧心提供身心障礙者一
個學習自立的機會。

受限於智能與學歷，憨兒的工作性質多半是服務業，例如：洗衣、清潔、超商、賣場及美髮業，其中以餐飲業佔最大宗，而轉介的途徑由就業輔導員負責進行職業輔導評量。所謂職業輔導評量（簡稱職評）服務的對象是領有身心障礙證明的身心障礙者，以及尚未領有身心障礙證明的職業災害勞工。透過職評，可以幫助找到自己的志趣、適合的工作類型與環境、能提高工作效率的輔具等。隨後，台東縣政府的職管員也會幫忙媒合就業資源，並提供相關資源。

許秋霞表示，牧心在輔導就業過程，與台東縣政府社會處勞工行政科有很密切的互動，也積極與雇主溝通、了解廠商的態度。雙方剛開始合作時，通常採取實習、排班制，讓雇主與員工先慢慢了解彼此的步調，如果適應得不錯，再轉型為正職，若不適應也還有退場機制，憨兒可回歸中心繼續受訓。

「在服務的過程中，我們發現雇主不太擔心智能障礙者教不會，主要是擔心情緒不穩會有攻擊行為，這類刻板印象通常來自新聞的負面報導。其實憨兒都很單純直接，只是身體機能退化速度比正常人快約二十年，也比較不會保養自己，體弱或更年期都會影響情緒起伏，需要旁人細心觀察及判斷。我們需要社會大眾的幫助，而不是可憐。」

許秋霞引以為傲地說，牧心擁有縣府立案的合格志工團隊，且全部由身心障礙者組成，不只是接受服務，憨兒當然也有能力服務社會！

樂在付出，志工隊接力傳愛

二〇一九年十一月九日，台東縣府舉辦第二十二屆「金馨獎」績優志工頒獎典禮暨志工大會，牧心工作隊榮獲縣政府給予的肯定，隊長小玉上台高舉縣長授予的大旗，賣力地揮舞著。能有這一刻榮耀，不知得經歷多少風沙與汗水的洗禮。看著旗幟昂然飄揚，眾人內心都激昂不已。

抱持「接受他人的幫助，有一天也要回饋別人」之信念，牧心的憨兒接受專業訓練，並到樂齡養護中心展開浩浩蕩蕩的實習之旅，二〇一九年初在縣府立案，終於成為合格的志工團隊。許秋霞說：「志工證是榮譽的身份，身心障礙者在身心能力許可下也要學習手心向下付出。雖然沒有高學歷或什麼特別的專業、口袋也不一定很深，但一樣可以為社會付出：有師生合唱團，可以唱歌舞蹈表演給人家看，讓老人家開心。清潔工作隊也可以幫忙掃街、淨灘。在服務他人的過程中，我們的孩子會知道，自己不是最弱的。」

小旻（化名）是視障者，有情緒障礙與口語問題，十八歲以前被爸和姑姑安養在家，指甲長到彎成勾狀，宛如老佛爺，常把照顧的家人抓得鮮血淋漓。有次小旻吵著要姑姑帶她出門兜風，但每當轉回家中巷子時，小旻就會狂抓姑姑，於是車子從中午轉到深夜，直到第二天中午她才甘願回家，絕望的姑姑一度想載著孩子衝下山。小旻因情緒障礙而被很多機構拒絕，唯有牧心願意嘗試輔導。

在輔導情緒障礙的第一把交椅「第一行為工作室」的張文嬿老師幫助下，小旻兩年來已逐漸理解外界的訊息，現在她開心就會搗耳朵左擺右擺，也認得中心人員的聲音，情緒也日益穩定。

晨操時，每個在牧心
的孩子，都歡天喜地
的跳著舞，增進彼此
的感情。

牧心烘焙坊中，有項招牌商品是乳酪堅果饅頭，是由全麥老麵糰發酵的饅頭，約略拳頭大小，拿起來沉甸甸的，咬下一口後，綿密Q彈，澎湃多元的餡料，不管是扎實的乳酪塊或堅果、果乾顆粒，都讓人驚為天人，這種特別的口感，讓台新銀行員工多年來持續支持，熱烈團購。台新志工許嘉容讚不絕口：「從我認識牧心的第一天起，他們的饅頭餡料完全沒少過，很多人都是一吃成主顧！」

許嘉容是台新銀行個金資產管理處的員工，心理學碩士班畢業的她希望發揮所學，幫助更多人，因此自二〇一四年起擔任台新志工，負責輔助牧心參與「您的一票，決定愛的力量」。儘管台北到台東長途漫漫，她和同事年年拜訪關心，即使牧心已晉升為「您的一票，決定愛的力量」畢業團體的天使團（累積五次獲得公益基金，就要把機會讓給其他社福團體，並協助其他參加團體），她也有與牧心維持聯絡。

擁有心理輔導專業的許嘉容，時常提出自己的觀察與社工交流，例如她發現台東多半延請花蓮諮商師，於是便鼓勵在地社工要學習諮商，不要仰仗外地。針對服務對象的行為模式，也可以透過觀察繪畫的顏色、筆觸跟畫法來了解個案的心理狀況。此外，她也稱讚牧心的社工富有工作熱忱，對繁瑣的工作不厭其煩。

台新相當支持牧心的烘焙產品，如二〇一四年與17Life團購網合辦「愛滿中秋、圓滿佳節」活動，號召網友認購月餅，並委由牧心製作，將月餅送至嘉義縣慈善團體聯合協會轉送給三百戶弱勢家庭。二〇一七年七月台新銀行舉行二十五周年員工運動會及園遊會，在發想攤位銷售產品時，許嘉容所屬的個金資產管理處決定銷售牧心烘焙坊的饅頭來做公益。為了方便園遊券使用，他們還將所有產品都調整為四十元的份量。牧心特別在活動前一天下午完成產品，趕在隔天早上送達會場。

為了讓公益極大化，個金資產管理處還決議，活動盈餘又全數投入採購牧心饅頭，並請台新銀行公益慈善基金會媒合，再將四百多顆饅頭捐贈給北中南五家社福機構，除了不遺餘力推廣牧心的烘焙食品，也促進企業與更多社福機構之間的情誼。

心在哪裡，寶藏就在哪裡

二〇一七年台新銀行個金資產管理處及人力資源處志工，一起參訪牧心智能發展中心及慎修養護中心。兩家社福團體都準備精采的表演，牧心的憨兒準備美味午餐，並安排手工饅頭體驗課程，歡樂的交流讓台新志工與院生們打成一片。台東縣政府社會處也到場鼓勵，當時任處長的曹劍秋表示，「您的一票」活動除凝聚台東在地社福團體向心力，也提高台東社福團體能見度及自我行銷能力，讓社會資源發揮效益。

三年後曹劍秋調任國際發展及計畫處，回想起牧心仍印象深刻，他說，牧心一路走來勇於嘗試各種做法，並抱持開放心態與政府和各企業單位合作。為爭取訂單，還帶著憨兒到各大企業在董事長面前做簡報，帶著孩子走出去，不僅能讓機構的活力被看見，讓家長也會更有自信。除了庇護工場，也組織志工隊服務社會，相當難能可貴。「牧心近幾年來能量大爆發，能夠挑戰不可能，台新幫了很大的忙。這也證明，只要努力就會有貴人幫忙，願意做就會有機會。」曹劍秋說道。

二〇二〇年母親節前夕，台東縣縣長饒慶鈴及社會處處長陳淑蘭一起拜訪牧心，現場發送康乃馨，感謝大家用愛守護台東。憨兒們也在旁指導著縣長和處長製作蛋糕。談起牧心的庇護性工場的實績，陳淑蘭表示肯定，她說，牧心是由家長們和社會熱心人士所發起的團體，更能深刻了解身障者的實際需求，成立了二十三年以來，一直努力讓機構成長，幫助台東相似的身障家庭能勇敢蛻變。

「牧心可以發展到庇護工場，代表制度已達到相當水準。如果憨兒技藝夠成熟，還是希望可以回歸社會。因為憨兒一個口令一個動作，只要職務適宜、訓練得當，都可以做到品質要求。」鼓勵企業晉用身障者，並翻轉負面的刻板印象。

◆◆◆

在新冠肺炎防疫期間，牧心的洗手宣導衛教影片，從腳本、舞蹈、拍攝、剪輯及後製等，都是由員工自發性參與。對內團結，對外也處處感恩惜福。牧心每年會固定寄發明信片感謝資助人，並將憨兒作畫過程錄製成影片，資助人可以透過明信片附上的 QR CODE 看到這份用心。另外從牧心的臉書粉絲專頁，也可以看到牧心點點滴滴的生活故事。行銷功力完全不輸一般企業，且心意滿滿。

許秋霞表示，牧心團隊主要由教保員與社工組成，雖然不諳行銷，但從模仿開始，並動員全中心使命必達。行銷能力大爆發，完全從參與台新「您的一票，決定愛的力量」受到啟發，當初為了參與「您的一票，決定愛的力量」，許多年長的員工首次申請e-mail、註冊臉書。促票活動中訓練我們要主動發現自己的需求，學習如何跟企業提計畫。譬如首次參與台新提案內容是要帶身障者到台北遊玩，在促票過程中，有民眾會質疑出去玩的必要性。這就是一個很好的機會，讓我們可以學習如何向民眾說明。

此外，台新還提供網路、影音與故事行銷教學。上完課後，我們發現牧心的孩子，每個人背後都有故事，只是我們不懂得如何描述。而如何把專業服務變成故事，再告訴別人，這是我們不斷在學習的。

經營的瓶頸，許秋霞認為是社會的刻板印象，「機構有不可取代的角色，但不能封閉在建築物裡，經營者要打破機構的限制。例如，憨兒也是社區的一份子，所以大家怎麼生活，我們盡力縮短憨兒與大家的差異性。所以，牧心的孩子不用穿什麼名牌，但絕對乾淨整齊。而合宜的行為也是需要時間去學習，雖不要求完美，但至少要有生活品質。因為我們深信。沒有學不會的孩子，只有不會教的老師。」

牧心有明確的十年大計，在成立機構、擁有大樓、提供多元化的服務後，下一步是建置憨老家園，同步解決老雙親加老憨兒的雙老問題，團隊也會不斷提升餐廳、烘焙坊及布坊的競爭力，積極走向社會企業。

無論是促票還是人生，入了這局就別輕言放棄。許秋霞引用《牧羊少年奇幻之旅》名句：「如果你真心真意做一件事，全宇宙都會幫助你。」不放棄自己的人，永遠不會被遺棄。●

善的迴響

一、「愛的力量」平台對於您個人和機構有哪些關鍵性影響？

對位處台東的牧心來說，能夠讓更多人認識我們是一件很重要的事。透過「愛的力量」平台，對內團隊間變得更有默契和向心力，在管理上當然也更有助力；對外則認識了許多理念一致的社福團體，好夥伴彼此共享資源，遇到問題時也能互相幫忙。五年來的磨練，除了讓團隊更有自信和活力外，我們也上了許多寶貴的課程，在台新銀行的長期陪伴下，從產品、作業流程、組織文化到產業合作四方面，我們要讓大家看見牧心，看見憨兒為生命的努力。

1. **動員全體力量：**從前提案大多落在主管或是社工身上，「愛的力量」活動最特別之處是人人都要出力，跨部門間的互動機會變多，為了共同目標而努力的態度讓人感動，團隊培養出深厚情誼、良好默契，也變得更有活力。
2. **激發不可思議的潛力：**夥伴用盡全力號召親朋好友們一起協助促票，大家都想盡辦法爭取社會大眾的支持，激發無限潛力。
3. **創造共好：**單打獨鬥是不可能成功的，社福團體之間要有共好的理念，互相合作促票，我們也會彼此關心，主動分享好事，並互相提醒需改進的地方。
4. **吸引大眾關注：**參與這項全國性的活動，一路上遇到了來自四面八方的人，被我們幫助弱勢的作為與熱忱所感動。許多款項與物資的捐贈者都曾經投下神聖的一票，後來更主動關注，並給予支持及幫助。這股不可預測的擴散力量是很驚人的！
5. **加倍勇敢：**每個夥伴都要向陌生人說明方案內容，並爭取支持，這真的不是件容易的事。牧心在每一次促票過程中，都是鼓起了最大的勇氣，才能得到一次次的入圍肯定，為了守護憨兒的那一心，讓我們大家都更勇敢了。

二、晉升畢業團體後是否透過「愛的力量」平台所學，有自發性的創造或改變？

1. 牧心夥伴保有工作上的彈性，可隨時入市搶商機，例如生產總裁包、防疫布口罩套等。
2. 活化組織文化，對外窗口呈現更柔軟，讓接觸的社會大眾與單位感受到貼心溫暖。
3. 轉型餐飲定位，產品致力結合台東在地特色，例如：紅藜、釋迦、紅烏龍等食材。
4. 大手牽小手，運用本身的優勢吸引資源，並與台東其他不同單位分享資源，創造共好及利他，例如各種節慶募集活動。

年度	獲獎組別	提案名稱
2014	社會福利二十五萬元組	跨出台東．看見都市
2015	社會福利二十五萬元組	熱水不斷．有愛尚讚
2016	社會福利二十五萬元組	轉動踏步練功夫．一票成就好筋骨
2017	社會福利二十五萬元組	愛的一票讓我們有所「椅」靠
2018	社會福利五十萬元組	美味升級添購廚房餐廳設備服務計畫

台東縣私立
牧心智能發展中心

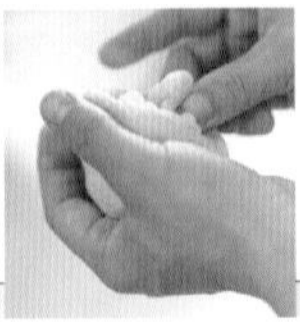

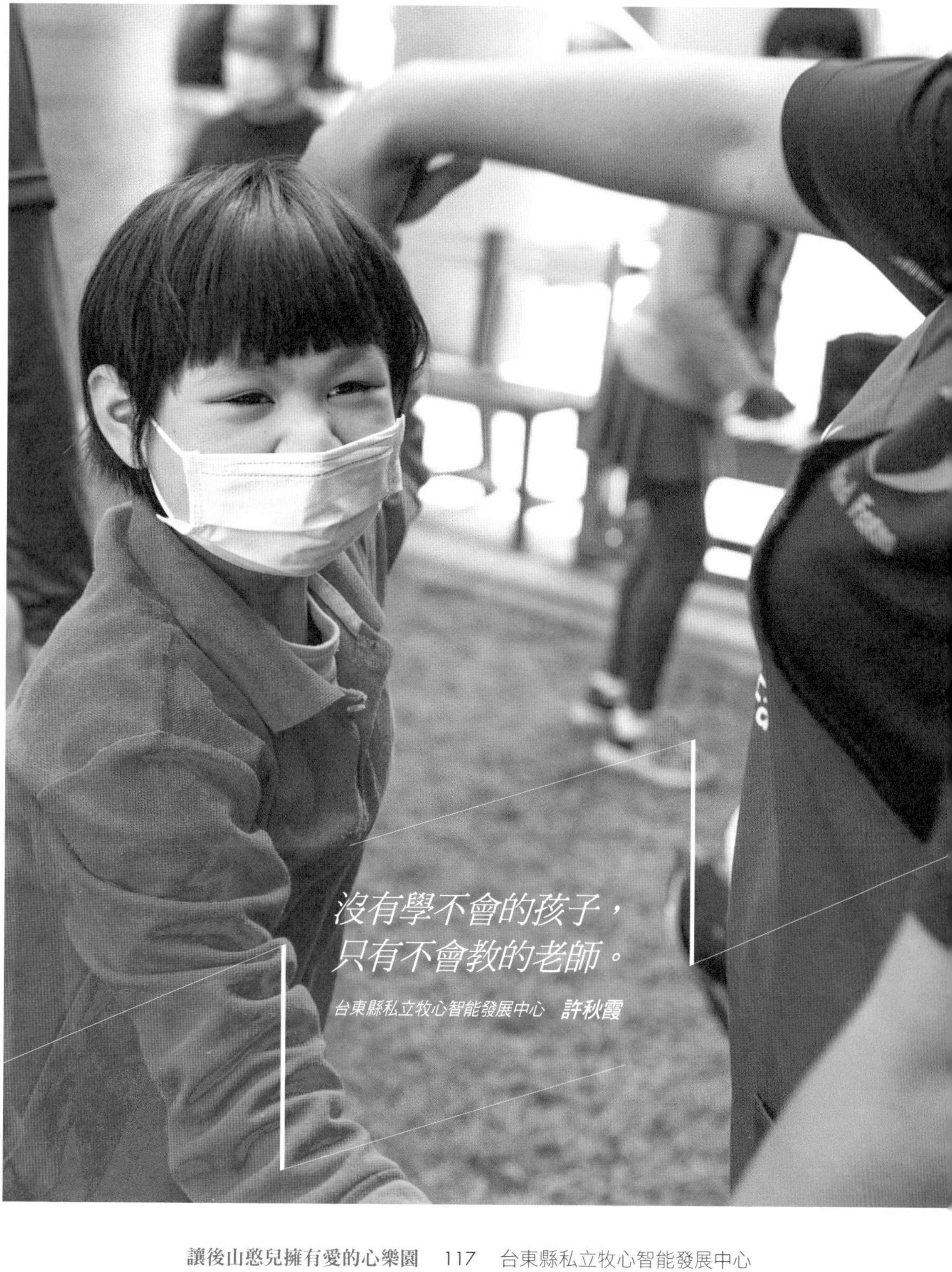

沒有學不會的孩子，只有不會教的老師。

台東縣私立牧心智能發展中心　**許秋霞**

花蓮縣老人暨家庭關懷協會

蔡智全執行長
老人是寶咱是老人寶

由蔡智全創立的花蓮縣老人暨家庭關懷協會（簡稱老家）自許為「後山邊緣的護欄」，主要服務花蓮弱勢獨老及貧困家庭，特別是急需幫助卻不符合政府補助資格的案主。除了提供基本生活所需、響應政府長照政策，更舉辦各式別出心裁的圓夢計劃活動，倡導「咱的老人咱的寶」，致力讓邊緣老人活出精采的生命價值。

照料失落的家中老寶貝

「笑一下，笑一下！」老家執行長蔡智全從花蓮市區駛往濱海公路，一路上滔滔說著平常怎麼為邊緣老人送便當。「每次進門前，我都會說大家先笑一下，這些弱勢長輩很可憐、快樂不起來。」

車子停在樹叢旁，踮起腳尖即可望見灰藍藍的太平洋，不是往觀光客的目光走去，而是走入一條低於柏油路面的小徑。沒多久，在大樹與叢草之間出現一棟簡陋的貨櫃屋，樹下堆積舊床墊、塑膠籃等雜物，屋前並列著幾把小凳子，別有古早時代乘涼的閒情。

這是花蓮老家的案主訪視，蔡智全登門熱絡地呼喚主人，接著走出一名約莫七十歲的老先生，他面色紅潤，理著平頭，身穿夾克、紅格紋襯衫，褲頭還規矩地繫著皮帶，若不是棉褲褪色泛著霉斑洩漏了訊息，乍看和那些喜歡在小吃店飲酒論政的老伯沒兩樣。他摸摸後腦勺，笑盈盈說著最近還不錯，一陣寒暄後，引領大家繼續往樹叢深處走。

眼前這棟小屋是由企業捐贈，他要帶大家去他以前住的地方。但哪裡有什麼舊屋？觸目所及皆是荒草，如果此地曾有棲身之處，也應該被大自然收回去了吧！道別時，伯伯羞澀地拿出他用廣告紙所折的紙編天鵝作為餽贈，眾人眼睛一亮，天鵝編得相當硬挺扎實，並注重姿態細節，一點都不輸社區媽媽的手工藝。

他的紙編作品都被老家協會小心珍藏，因為背後的意涵不只是創作者的心意、工藝品之美，更可從這項特殊才藝，凸顯老人的特殊長才，藉此提醒社會大眾，別忘了俗諺說的「家有一老，如有一寶」，即使他落魄，也不能否定生命中的高貴。

蔡智全走入花蓮弱勢
老人的家，給予他們
陪伴與協助。

根據衛福部統計，我國二〇一八年三月底六十五歲以上人口已達百分之十四，正式邁入高齡社會。據國家發展委員會推估，預計二〇二六年老年人口將超過百分之二十，與日本、南韓、新加坡及歐洲部分國家同列為超高齡社會。人口老化與老老照顧已不只是隱憂，而是當下亟需解決的課題。經濟無虞的人尚且擔憂老年生活，更別提落在社會安全網之外的長者。

花蓮縣老人暨家庭關懷協會於二〇〇五年一月正式創立，足跡遍及花蓮縣各角落，北達秀林鄉和平村、南抵富里鄉富南村，不僅照顧弱勢長者基本生活所需，還規劃各種特色活動。從送餐、經扶、就醫接送、慶生到圓夢，不問一個人過去的是非，只希望幫忙失落老人在最後一哩路，多添一些柴火。

◆◆◆

築起後山邊緣的護欄

蔡智全是青年立志，再用一輩子貫徹信念的人。就讀花蓮中學時，他首先加入花蓮家扶中心義工團體「展愛社」，志工的經歷使他對社會服務產生濃厚的興趣，同時也奠定操作社團實務的基礎，對日後經營協會有莫大幫助。之後他考上東吳大學社會工作學系，並參與系學會、學生會活動，對公共事務一向熱心積極，熱衷兒童議題的他，更一手創立東吳展愛社，是學弟妹口中的「社父」。

他回憶，當時有老師提出質疑：服務性社團已經夠多了，以服務孩童為主的社團，有人多勢眾的幼幼社，為什麼還要成立展愛社？

「自從讀了社工系後，就把學習面向放在兒童行為觀察，並把這項專業加入營隊服務。兒童行為觀察不好做，需要花時間帶活動，而且針對有偏差行為的小朋友，還要做報告，聯繫家長及校方。他學以致用，甚至把演劇治療（Psychodrama）也放入活動訓練。而團康的功力更不用講，帶活動的能力要強，專業服務也要夠水準，才能在很短時間內衝出成績。之後有學妹獲頒校園十大傑出青年，搞得學弟妹同學壓力很大，最後都沒人敢接社團領導人。」

蔡智全哈哈大笑，爽朗的笑聲背後是一段精實的鐵血教育史，他透露：「一般社團都是在寒暑假出隊，我們竟然選在期中，而且是連續四周的每周六下午。出隊前除了重視基礎訓練，還要結合才藝，而且全都趕在一個學期完成，所以學弟妹都挺怕見到我。」

他輔導孩子的重點是訓練同理心，畢業二十餘年來與學弟妹都保持連結，東吳社工系學生每年寒暑假都固定安排至花蓮老家實習。「協會的服務多元化，也注重創新，對社工系學生是很好的學習機會；對於愛心服務性社團，也可以從公益角度出發，獲得各種面向的學習，並且結交一群新朋友，累積貢獻公益的動力。」

而且華人的社會倫理強調敬老尊賢、養生送死，因此有許多家長喜歡帶著孩子到老家一起做志工，整理發票、送便當或到宅慶生，希望讓孩子與弱勢族群互動的過程中，能培養柔軟的同理心，學會用實際行動關懷老人。「有小朋友二～三歲剛學會走路就被

蔡智全

高中開始參與社會服務社團，就讀東吳大學社會工作學系期間創辦東吳展愛社，2005 年創立花蓮縣老人暨家庭關懷協會，現任執行長。

爸媽帶去送便當，弱勢長輩生活困苦，環境多半又臭又髒，感覺很不舒服，站在第一線服務時要先克服味道。許多志工與原本生活中沒有交會點的人接觸後，都感到震撼不已。」

◆◆◆

令人好奇的是，既然學生時期的磨練是兒童服務，為什麼蔡智全畢業後毅然轉向老人服務呢？除了受到展愛社學弟林金立（雲林縣老人福利保護協會創辦人）的影響，另外要從自身的家庭與社會經驗談起。

二〇〇四年左右，他的父親因病進行氣切手術，媽媽身為主要照顧者，除了要打理生活起居，還得面對病人的情緒，在沒有聘請看護之前實在難以喘息。另一方面，他曾在花蓮縣議會工作，深刻體會花蓮的老人福利各項評比都待加強，也缺乏在地專業的老人福利團體。他感慨地說，重點是要「有資格」，如果不符合政府規定的低收入戶標準，即使找上民意代表也無能為力。

根據衛生福利部社會救助及社工司二〇一八年更新資料，申請低收入戶需符合：

1. 家庭總收入平均分配全家人口，每人每月在當地區公告的最低生活費以下。
2. 家庭財產未超過補助對象適用的當地區公告金額。

根據花蓮縣政府社會處公告，二〇一九年最低生活費一萬二千三百八十八元，申請低收入戶補助者，家庭動產為全家人口存款本金及投資之平均每人每年未超過七萬五千元；家庭不動產為全家人口所有之土地及房屋價值未逾三百五十萬元者。

以家庭為單位的計算法，換言之，凡是直系血親經濟情況不佳無力撫養，或是關係疏遠卻基於親情不捨提告棄養，或是有房子卻因身體退化無法賺取生活費用……等不得已因素，就算經濟再弱勢，長輩也難以獲得補助內容。

為了協助孤懸在社會安全網外圍的邊緣老人，蔡智全在二〇〇四年七月會同一群熱心社會公益的伙伴共同發起成立協會，以「不符補助資格又極需幫助的弱勢長者」為對象，致力建立專業整合性的服務平台。

二〇〇五年一月花蓮縣老人暨家庭關懷協會正式創立，從一個創辦人加一位助理開始，截至二〇二〇年，正職夥伴超過六十人，第一線同仁皆為社工或具備社工資歷，還有四位社工師，此外也號召無數志工共同投入服務。目前協會在弱勢家庭和失依獨老的服務有近六百位個案，而已開案的逾一千七百位個案，為了讓資源可以用在刀口上，社工於訪視評估後都會詳實填寫個案記錄。

「很多朋友都喜歡通報個案給我，因為我們做的項目在全國各地很少見。」蔡智全驕傲地說：「協會最大特色是獨老送餐，還做到用照護專車陪老人看醫生、申請相關證件等服務。協會幫助的層面很廣，只要真正有需要協助都是我們的服務範圍，包括有女街友自己跑來請求協助安置。」

送便當聽起來微不足道，但若是在幅員廣大的花蓮，來回時間往往就要花上一、兩個小時，而且要做到全年無休、風雨無阻，那就更具挑戰，更別提累積起來的餐費與人力成本有多麼可觀。

花蓮老家堅持在有限的
時間裡，用心帶給長者
有溫度的專業服務。

在協會成立第六年，蔡智全從社工處聽說台新銀行公益慈善基金會舉辦第一屆「您的一票，決定愛的力量」活動，只要投票就可以爭取十萬元公益基金。為籌募更多資源，老家不放棄任何機會，積極提出「愛心便當溫暖到家」提案，計畫在二〇一〇年透過三十位志工，要將熱騰騰的一萬多份便當分送至獨居老人家中，並在探訪過程給予關懷，必要時通報協會做緊急處理。

老家送餐服務的第一位受惠者是位失智老人，蔡智全猶記當初是擔心伯伯煮飯開火忘記關瓦斯，「因為他要泡茶時，看到杯內有茶垢會用手抹擦乾淨再倒茶，還提醒我們要小聲一點，因為太太在樓上睡覺，但他的老伴早就過世了。」有一次在颱風天送便當，狂風呼嘯，志工們在門外大聲呼喊都被風雨聲掩蓋，於是蔡智全靈機一動，用竹竿綁起便當從氣窗垂吊而下，便當砰一聲落地，讓獨居老人又驚又喜。

老人服務是與時間賽跑、往下走到盡頭的服務，生離死別自然也成為志工的家常便飯。老家的臉書專頁曾發出一則實例〈陪您到最後，等嘸人呷的便當〉：某日送餐，社工夾了紙條在便當上，提醒沒電話又重聽的江伯伯。隔天中午送餐志工回報上個便當沒有人吃，下午收到醫院來電，告知江伯伯往生了。很突然，卻也很常見。另一位是獨居山腳下的吳伯伯有一陣子身體很差，但他老是堅持自己騎車前往醫院，某次社工實在放不下心，騎車守在後面，伯伯發現後驚訝地問：「妳怎麼也來了？」社工表示只是因為擔心，伯伯沉默了一下，拍拍社工的肩膀深深說了一句：「謝謝妳。」

我們只能不斷提醒自己「愛要及時」，在有限的時間裡，用心帶給長者有溫度的專業服務。

「彈性服務，精準處理」是蔡智全帶領老家的準則，協會除了送餐，也提供現金、租屋津貼、物資、陪伴就醫，協助修繕代步工具與房屋等服務。這些項目反應在參與台新「您的一票」活動的「後山花蓮弱勢老人急難就醫宅急便」與「許您一個安定窩，後山花蓮老人居住照顧計畫」提案。其中以綠油精伯伯的故事最令人咋舌。蔡智全劈頭問道：「綠油精你知道怎麼用吧？一般人都用擦的，但有社工跟我說：『他遇到用喝的。』」

◆◆◆

案主是住在花蓮吉安鄉偏遠地帶的老先生，他有三個小孩，老大跟女兒跟著媽媽，老二與自己同住，雙邊關係不睦。但次子後來鋃鐺入獄，老先生因積欠健保費，長達兩年沒看醫生。為了舒緩肋膜積水及肺部纖維化不適，竟長期飲用綠油精。社工介入時，發現他挺著大肚子，咻咻的呼吸聲彷彿熱帶氣旋，襪子也黏在爛瘡內，臭氣熏天。協助就醫後，從他的肺部引出了多達兩公升的積水。

這樣的弱勢老人卻不符合政府低收的資格，因為老伯還能行動自如，又不忍對孩子提告棄養，因此政府無法介入。蔡智全感慨地說：「很可憐啊，子女棄之於不顧。提告是手段，但老人家都覺得，再差，也是自己的小孩。政府低收申請不過，所以協會開始送餐，提供經濟扶助及復康巴士接送。後來綠油精阿伯被安置到安養院，有天提出想去監獄看兒子，我們也開車帶他前去探望。三個月後兒子從監獄裡寄一封信出來，謝謝協會幫忙。」

助力倡立長照柑仔店

某天，蔡智全在花蓮市主權社區活動中心探視老人，有些行動不便坐輪椅，有些罹患失智症，狀態各自不同。在進入共餐前，蔡智全上台侃侃說起最近拜訪的百歲老人，勉勵在場長者「活得老，也要活得好」。但在長輩心目中，到底怎樣才算「好」日子呢？

根據衛生福利部二〇一七年《老人狀況調查報告》，五十五～六十四歲對未來老年生活有規劃者約佔百分之五十五．〇三，有規劃比率大致與教育程度呈正相關，規劃項目又以「四處旅遊」佔百分之十九．二六最高，其次為「從事養生保健活動」佔百分之十四．五五，「在家照顧（外）孫子女」佔百分之十二．七五排第三。一言以蔽之，長者普遍期待擁有健康身心開拓生活體驗，並與家人維繫親密連結。

為提升弱勢長輩的幸福感，老家也策劃各種學習及體驗活動，有鑒於後山隔代教養問題嚴重，老家在二〇〇九～二〇一二年開辦後山小學堂，後改為壽豐福慧老學堂（二〇一四～二〇一六年），另外也曾經營花蓮縣單親個管中心（二〇〇九～二〇一四年）、花蓮市新住民服務據點（二〇〇九～二〇一五年），以及二〇一七年成立的失智轉角咖啡廳。

老家不限於體系內運作，更加強橫向連結，除了在花蓮市、吉安鄉、新城鄉及壽豐鄉提供長照居家喘息服務，同時也響應政府的長照政策，在二〇一七年與慈濟醫院合作B級長照專賣店與失智據點，以及與衛生福利部花蓮醫院、國軍花蓮醫院合作社區照顧關懷據點加值辦理巷弄長照站（簡稱：社照C據點），後者猶如「長照柑仔店」，提供共餐、健康促進活動、預防及延緩失能服務、關懷訪視，以及電話問安、

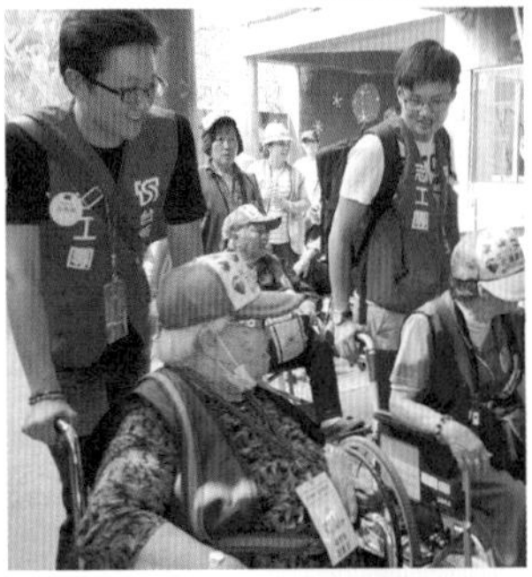

花蓮老家最大特色是
獨老送餐、陪老人看
醫生……等居家服務。

諮詢及資源轉介等服務。

老家關心每一位後山老大人，到府慶生有花束、蛋糕、禮物及祝福，每每讓落魄的長輩吃得甜甜、笑得合不攏嘴，卻也遇過拒絕慶生花束的阿嬤。老家社工表示：「每次慶生，阿嬤總是嘟囔『把花拿回去。』原本以為她不喜歡花，但是又看見阿嬤把花抱得緊緊的。原來是因為家中沒有容器，覺得把花放家裡很快就會枯萎、浪費。於是社工從資源回收區翻出奶粉罐，洗淨後加入少量水，再插入花束。阿嬤目睭金金直盯著花看，她說：『真水呢！』她終於可以坐在窗邊看風景，也賞花。」

◆◆◆

「老大人玩具工廠」活動隸屬預防失智的早期介入服務，也反映儒家思想的老吾老以及人之老、幼吾幼以及人之幼。自二〇一二年開辦以來，每年舉辦二～三次，協會將募集而來的二手玩具清洗、消毒和包裝，多年來已送出上千個玩具給花蓮偏鄉小學生。蔡智全說：「你的舊愛、我的新歡，舊的布偶娃娃洗完都像新的一樣，請老人維修好壞掉的玩具，再重新封口，賦予玩具新生命。在帶領長輩整理玩具過程，可活絡身心功能，還有九十歲阿公跟我們一起到校園去送玩具，帶給小朋友無限驚喜。這叫做樂在施予，樂活老人做公益，公益老人更樂活！」

蔡智全非常擅長設計口號，其中包括老家的愛心碼「五五七七」，象徵「我不要放棄別人放棄的」，令人深刻印象。談起發票捐贈，資發組組長林香君慨嘆近來面臨很大困境，起先擺放發票箱要與其他社福組織競爭，後來雲端發票也造成實體發票大量萎縮。她說：「對發票也是項艱鉅的任務，發票有些經過風吹雨淋都黏在一起，但我們會用電熨斗先燙平，再小心撕開，還要出動不同人，一共要對三次，深怕眼花看錯號碼。」

新住民志工桃姐在二〇一三年經由鄰居介紹而加入老家，她積極參與協會的公益活動，有時也會幫忙對發票，還曾慷慨捐助二千元助老年菜，這筆錢對她而言並非小數目，但她說：「有能力幫助人，是福氣。對社會有貢獻，我很開心！」此外，老家社工也常帶領社青志工隊前往老人安養中心關懷長者，例如曾到博愛居安廬老人安養中心，陪伴重度失能長者一起玩遊戲。

◆◆◆

據老家估計，辦一場園遊會可支持協會一個月開銷。為增加能見度，他們刻意錯開其他社福團體辦活動的旺季，特別選在六月舉辦園遊會，而販售的「老人文創商品」也很有意思，例如請老人畫紅包袋、揮毫春聯，再把作品放進瑞穗舞鶴茶商生產的茶葉罐裡販售。這個作法吸引台新的注意，二〇一四年結合旗下公益慈善與文化藝術兩大基金會，共同推出「藝起做公益」專案，進而媒合竹圍工作室的陶藝家張瓊如，為老家重新打造商品包裝設計，成為台新金控中秋送禮的主推選項之一，後續更拓及客戶婚宴、外賓來訪的主要伴手禮。「台新幫忙之後，包裝質感大升級，蜜香紅茶銷售量翻了好幾倍！」蔡智全說道。

藝術家張瓊如畢業於協和工商美工科，歷經二十餘年的平面設計工作，在二〇一三年重返念念不忘的做陶生活。經台新銀行文化藝術基金會轉介，她生平第一次坐普悠瑪，親自走訪花蓮老家。抵達花蓮後，先是參觀老家策劃的長者健康活動，看到許多志工忙著包裝茶葉，整體氛圍明亮、有活力。接著轉往參訪綠油油的茶園，她為茶園主人的熱情與推心置腹地互助精神大受感動。

為舞鶴蜜香紅茶禮盒發想新包裝時，張瓊如以象徵長壽與呼應地名舞鶴的「鶴」做為主視覺，而松竹梅有歲寒三友之雅稱，一則象徵傳統文人的高尚人格，稱頌年長者懷抱君子之道，一則寄寓堅韌的生命力，同時也呼應花蓮後山的自然景觀。色彩則採用明亮溫暖的黃、橘色反映純樸人情，而材質結構則用紙設計成長條形包裝，令松竹梅一體成型，別具人文情懷。

張瓊如表示：「喝茶要有閒情雅致，經由送禮、一起泡茶增進人際互動，喝起來會更加愉悅。非常感謝台新銀行公益慈善基金會關懷弱勢，並結合藝術創造無限可能，讓曾受到許多人幫助的我，有機會回饋社會做公益。」

但傳達花蓮老人長壽、平安及祥和概念的舞鶴蜜香紅茶禮盒後來賣了三年，之後停產。林香君說，因為折紙盒、綁繩子、貼標籤，在在都需要手工，人力是大問題，而訂單也要達一定數量才能出貨，花蓮分布眾多在地茶商，老家敵不過激烈的市場競爭。

因為老家對產品行銷趨於保守，主張把每一分錢都花在刀口上，但同時又積極為老人圓夢，這又是怎麼一回事？

圓一個不敢做的夢

曾有志工遇到不肖子，氣不過而向蔡智全反應，這個弱勢長輩的兒子，菸抽得比他好，便當還跟老父共吃一個。如果長輩放棄這個孩子，就能通過低收入戶標準，但終究天下父母心，只能眼睜睜看著無奈的劇情一再上演。

對於這種棘手的狀況，蔡智全表示，經費一直是很大的缺口，也因此第三次與第五次參與「您的一票」，都是申請經濟扶助，希望提供拮据的弱勢獨老與貧困家庭急難救助金。老家開案後會做各項專業評估，並在量化後參酌每個人心中的一把尺，最後整合出最適切的服務。個人創意亦催生各種多采多姿、意義非凡的圓夢活動。

老家甫成立那年，領有身障津貼長輩告訴蔡智全：「蔡仔，我穿這樣骯髒不堪，又搁是殘障，去飯店誰要睬我？」這個案例啟發他催生圓夢餐會。那次他一共出動八十位志工，帶領超過六十位獨居老人到大飯店吃飯，每桌價值超過新台幣五千元，此後合作過的飯店包括：花蓮美侖大飯店、花蓮遠雄悅來大飯店及新光兆豐休閒農場等。不只是吃飯，還安排重機體驗及參觀總統套房等系列活動。「那是獨老一輩子都不可能來的地方，聽到一個晚上要新台幣八萬元，當場有長輩跳起來。」蔡智全得意地分享。

「對很多人來講這是很不可思議的事！」蔡智全提高聲調說：「很多人會問，給老人便當或給錢就好，為什麼還要帶去飯店吃大餐？」

為什麼要帶弱勢長輩去飯店吃大餐、提供尊榮級的服務體驗？除了愛要及時，也因為老家的目標是要讓弱勢長輩知道自己值得這一切，不只滿足生理需求，精神面更需要被支持，要讓他們感覺到「至少還有人是在乎我們的！」

蔡智全每年帶著後山
高齡長者踏出花蓮至
台北進行圓夢之旅，
透過愛的力量平台媒
合天使團捐贈肉鬆，
增添長輩營養。

許多年輕人帶父母出國就哇哇叫了，老家的圓夢旅行更是個大工程，每台輪椅都要兩個人接手，講究一對一服務。有次帶花蓮的弱勢老人上台北玩，台新銀行公益慈善基金會也幫忙找志工推輪椅，一行人逛動物園、參觀台北一〇一，還找台灣攝影家交流協會副理事長陳錫輝及在業界培育多位專業攝影師，並將婚紗攝影帶入新紀元的「青樺視覺」攝影師為長輩留影，記錄這趟難能可貴的旅行，留下可能是長輩一生一次的生命記憶。

喜氣洋洋的圓夢婚禮更是讓人動容不已，有些長輩這輩子沒穿過婚紗、也沒辦過婚禮，在老家的安排下，許多爺爺奶奶首度穿上婚紗、西裝，攜手步入飯店舉辦隆重的婚禮。蔡智全說，有位來自台東的阿公搬到花蓮，與守寡的房東阿嬤培養出深厚情誼，後來阿嬤中風住進安養院，阿公仍然不離不棄地到安養院照顧、陪伴。舉辦圓夢婚禮那天，阿公慎重地穿西裝、打領帶，老家也幫買鮮花獻給臥床的阿嬤。「問：『有歡喜嗎？』阿嬤用嘴型說：『有。』」那次只有阿公一個人走紅毯，但兩顆相依偎的心從未遠離。

◆◆◆

「我在孵一個夢，希望能有更多力量，能幫弱勢老人做一點事。每個老人都有不同需求，除了維持基本的生活所需，還有種種能滋潤生命、不容易獲得、但又做得到的事。」蔡智全說。

老家每規劃一場活動，都要花上三～四個月以上的時間進行籌備。蔡智全強調，要貫徹「咱的老人咱的寶」，讓弱勢長輩實際感受到自己被當成寶，並非少數幾個人就能成就，首先第一線要有社工作為服務的主要觸角，資源發展組也要有三頭六臂的能耐進行勸募，並向大眾宣傳協會的最新動態，儘管老家的社工同仁不少，有些服務還是需要志工與各界善心人士共同出力與募集。

「原本我只是想做政府與基金會難以提供的服務，但在大家齊心合力耕耘後，老家獲得『後山的護欄』的美名。」蔡智全的辦公桌背牆就懸掛了這幾個大字的匾額。

活得老更要活得好

台新銀行公益慈善基金會張瑋珍對蔡智全印象深刻，她曾跟蔡智全一同去拜訪花蓮邊緣戶的老人，也幫忙張羅老家到台北的天使團及志工媒合活動，她說：「蔡智全凡事親力親為，是個細心又周延的人，而且說故事能力非常強，對老家四百多個個案如數家珍，而且信手捻來，就可以分享許多老家協助獨老與弱勢家庭的故事。而且他不只說說而已，還會馬上帶人到現場探訪長輩，記憶最深的就是住在南濱海邊廢墟的魯賓遜爺爺。蔡智全對人的和善親切，打從心底就可以感受到。另外，老家志工跟爺爺奶奶說話的方式也相當溫和、有耐心，表現出老家一貫的細膩與誠摯關懷。」

令人欽佩的是，蔡智全的妻子與小孩都住台北，唯獨他長期留在花蓮經營協會。張瑋珍推崇他從高中至今始終如一，把時間跟心力無私地投入社會服務，也在全台灣鏈結大量人脈，盡心盡力地為花蓮老人服務，打造護欄，彷彿花蓮土地公，有求必應。

◆◆◆

林香君在加入老家之前，於花蓮漢聲廣播電台工作十三年，二〇〇七年開始擔任老家的送餐志工。從台東嫁到花蓮的她當時設想：「如果未來有人幫我父母送餐、噓寒問暖，我會覺得很窩心，那不如由我先開始幫忙做起。」直到開始送餐後，她才發現花蓮有很多沒有在Google Map上的道路。

一路走來，林香君有感光靠政府的力量，跟不上人口老化速度，還好有社福團體彌補不足。但是社福團體勸募過程艱辛，尤其是缺乏知名度與資源的中小型機構，若沒有台新幫助，可能很多人不知道花蓮老家。「蔡智全不斷強調，全台灣只有老家在做整合性服務，並且全年無休地送餐，能量儲備上隨時做好準備，希望關關難過關關過！」

◆◆◆

同仁口中勸募、拉票都很厲害的蔡智全，則把功勞歸給團隊與合作單位，蔡智全說：「靠認真的第一線工作人員與社工、行政等同仁，才能讓更多人看到協會做的事。一路走來，幸好有台新協助老家大力推廣活動、找資源，每次接觸都讓人很感動。另外，台新幫助正在茁壯、有心發展的弱勢團體爬起來，讓社福團體間的聯繫與開放度打開，分享許多意想不到的資源！」

談起參與「您的一票」活動最大的學習與收穫，蔡智全說，不要放棄任何資源，自己也要努力，要能帶動所有員工共同參與，表現出團隊精神與默契，才能讓大眾認同理念，進而支持投票。「光靠 e-mail 是沒有用的，一定要用心，用實際行動。有媒體記者被我多次拜託投票而感動，半年後打電話給我，通知已幫忙找到企業贊助老家新台幣二十萬元。」

蔡智全也鼓勵在「您的一票」畢業的團體要保持聯繫，並固定「回娘家」，在分享過程激發新火花。未來老家除了持續奮鬥每年一千多萬的募款，也會朝向社會型企業做多元發展，力求自給自足。「協會要加強改進，不能鬆懈，畢竟我們離真正的成熟還有很長的一段路要走。」●

善的迴響

一、「愛的力量」平台對於您個人和機構有哪些關鍵性影響？

台新有效集結社會資源，開闢愛的力量平台發揮一加一大於二的功效，致力服務最多的社福團體。希望把好事做到最好，除了要有愛心，更需要專業加持。

1. **強調企劃力**：設定徵求企劃案與加碼補助經費架構，鼓勵社福團體用更深入、長遠規劃的眼光，進行在地社區培力工作。刺激機構創新服務方式，真正回應弱勢的需求。
2. **多元輔助**：針對資源有限的各型態社福單位，台新提供人力、物力和金錢，並督促發揮創意和推進企劃進度，讓更多社福單位有機會被看見。
3. **醞釀後續效應**：台新挹注的資源包括媒體報導、捐款、捐物等，使單次的活動如同掀起漣漪般層層擴散，讓社福單位感覺台新一直都在。
4. **結合自力與他力**：好的事情開始辦起來，大家看見實績就會更加肯定，有信心支持它可以繼續興辦下去。唯有自力，才能被別人看得起，才有自主的尊嚴。
5. **擴展人脈**：肯定台新多年來不斷開設 NPO 經營及專業人力訓練所需的課程，透過平台認識不同領域的社福團體，彼此教學相長。

二、晉升畢業團體後是否透過「愛的力量」平台所學，有自發性的創造或改變？

1. 更堅定老家「永不放棄」的精神，只要認真努力，就有機會。許多公益行動的累積並非一蹴可幾，而是透過不斷地溝通，漸漸凝聚起的共識。台新傳遞正向愛，不斷串連公益網絡，對企業文化不僅有著正向的力量，更持續不斷地帶動台灣社會改變與前進的動力。
2. 對媒體來說，沒有糖衣包裹的社福團體一向不討好，如何在個案報導和社工專業間取得平衡，台新亦在此點起一盞盞明燈。透過一次又一次的公益結合，老家也不斷自省和檢視服務的軌跡。在資源有限時，更要重視自己的核心工作；人是單位最重要資產，讓有溫度的服務與時俱進，增加更多有形和無形價值。

年度	獲獎組別	提案名稱
2010	社會福利十萬元組	關懷獨居老人～愛心便當溫暖到家
2011	社會福利二十五萬元組	後山花蓮弱勢老人急難就醫宅急便
2012	社會福利二十五萬元組	後山花蓮弱勢獨居老人暨貧困家庭經濟扶助
2013	社會福利五十萬元組	許您一個安定窩～後山花蓮老人居住照顧計畫
2014	社會福利五十萬元組	一〇四年花蓮獨居老人暨貧困家庭經濟扶助

花蓮縣老人暨
家庭關懷協會

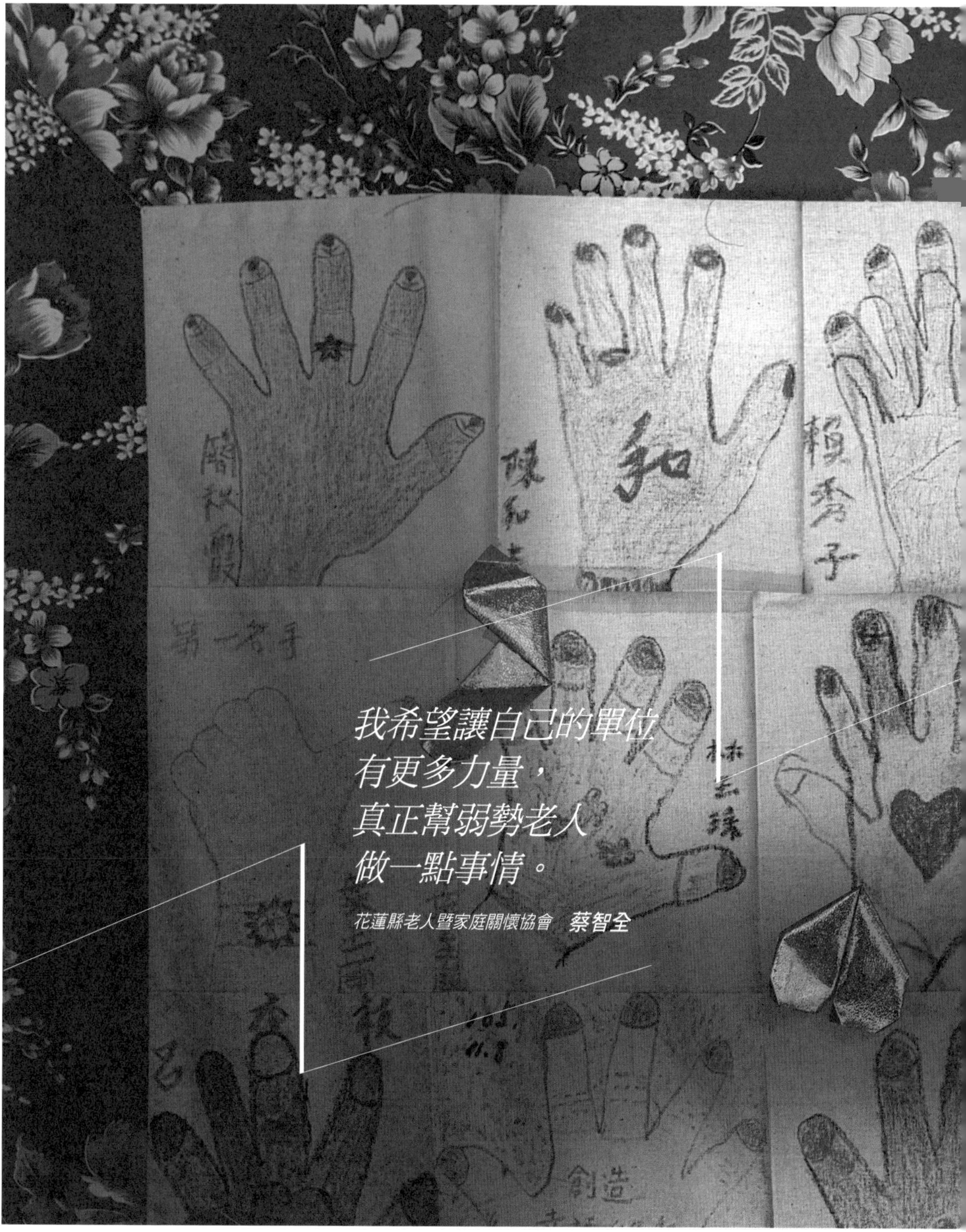

我希望讓自己的單位
有更多力量，
真正幫弱勢老人
做一點事情。

花蓮縣老人暨家庭關懷協會 ***蔡智全***

慎修養護中心

李玉美組長

用生命譜寫美好樂聲

慎修養護中心主要收容十八歲以上重度以上身心障礙者。二〇一三年成立 VAVI 樂團，邀請旮亙樂團教導阿美族樂器，二〇一九年更受邀至台新金控旺年會與灣聲樂團共演。

慎修VAVI樂園

被照顧的人為什麼還有恨？

大人總說要讀書才有出息、才有機會改變命運，可是有些孩子就是沒辦法。為幫家裡掙錢，阿良（化名）在國中時輟學，他偷偷買了一張車票，跳上開往台北的火車。都說大都市機會多，哪曉得在街頭流落了好幾天，直到看到一張徵怪手學徒的傳單，從此展開了他的怪手人生。阿良工作賣力，學了七、八年後終於可以獨當一面，準備擔起家中的經濟支柱。不料卻在一次任務，沒有察覺泥土鬆軟而發生翻覆意外，他整個人被壓在怪手下面，導致全身癱瘓，之後需要用人工腸造口（人工肛門）維持生命。

這下子別說帶錢回家了，家人還得籌錢支付昂貴的醫藥費。當時，他沒有勞保，媽媽也未滿六十五歲，無法申請低收入戶，只好變賣家中田地變現，而家人也無力照護他，正值壯年的阿良，只好被迫送進重症養護機構。他心灰意冷地說：「我是在等死而已。」

社工組長李玉美幽幽的轉述慎修養護中心裡的個案故事，好多人只是一個不小心，就落入萬劫不復的窘境。他們怨恨命運無情，更恨自己成為家庭與社會的累贅。

當身體再也無法自由使喚，靈魂是否只能被禁錮在監獄般的皮囊裡？在那道以憾恨燒焊而成的鐵窗外，還會有什麼呢？

◆◆◆

慎修養護中心的主任涂春娥、社工組長李玉美及VAVI樂團老師楊美玲坐在一起，問起機構全名，她們三個人全部伸出手指頭數都不夠，一共有三十八個字：「國軍退除

慎修養護中心照顧個
案不是只著重身體機
能而已，身心靈都要
面面俱到。

役官兵輔導委員會馬蘭榮譽國民之家委託新興醫療社團法人辦理慎修養護中心」，在唸的過程還要換好幾口氣。看著密密麻麻的長串文字，大家都情不自禁嘆氣。為什麼要取這麼長的名字？因為背後有段無法切割的歷史。

馬蘭榮家原為聯勤總部所屬陸軍榮譽軍人第一臨時教養院，一九五五年撥交退除役官兵輔導會接管，一九八一年改隸行政院國軍退除役官兵輔導委員會，沿用「馬蘭榮譽國民之家」迄今。一九九五年馬蘭榮家接受內政部委託成立慎修養護中心，收置低、中低收入戶之身心障礙者。為貫徹政府推動促參法，二〇〇五年採 ROT 方式委外經營，由中英體系所屬的永和復康醫院承接經營。二〇二〇年起採 OT 模式改由同體系的新興醫療社團法人傳承經營，簡而言之，馬蘭榮家與慎修成了房東、房客的租屋關係。

慎修收置對象條件，需領有身心障礙證明為中重度智障及重度以上肢障、多重障礙者，並且為政府列冊低收入戶之身分者，年滿十八歲以上，六十五歲以下，目前收容總人數共一百八十七位，男性一百一十四位，女性七十三位，年齡最低十九歲，最高為九十歲，中心服務對象來自全省北、中、南及東部地區。目前以東部的宜花東地區一百三十八位為最多，佔總人數的百分之七十三。

涂春娥表示，慎修屬於公辦民營的身心障礙機構，有嚴格的條件限制，服務對象均是社會最弱勢的族群，專業人力配置及收費標準要依照政府相關規定，因此發標案不易，在永和復康醫院承接之前曾多次流標。另外由於機構名稱和歷史，社會大眾常誤以為是公家單位，以致造成資源籌募不易。在偏遠的台東，人口本來就不多，要聘任適合的專業人員更是困難，目前員工計七十三位，每月的人事成本和服務對象的生活日常，更是一筆龐大的支出。涂春娥指出，慎修是凝聚力極強的團隊，特別注重團隊精神，不只要求專業到位，還要發揮至極致，除了照顧個案身體機能，連身心靈都要面面俱到。

重症患者要如何找回完整的自我，重新走入陽光？李玉美一次又一次的用「試試看」和「你要挺我」等字眼，強調凝聚群體向心力的重要性，同時號召夥伴不畏風雨，要相互扶持挺進，不僅是慎修人，連園區裡的百年老樹也在逆境中一塊重生。

從心開始，找回人生的價值

中年才轉換跑道，並且不斷力爭上游，是涂春娥和李玉美共同的故事。涂春娥起初在殯葬業當會計，每天看遍無常的生死大事，站在生死的交界，她開始思索還能為生命做些什麼？在朋友引介下，她於二〇〇三年進入慎修養護中心，在此之前她對社福領域全然陌生，因此從基層做起，接受教保、生輔及社工等專業課程訓練，至今已十六年。

「我在四十四歲進入社福領域，才發現竟然有這麼多人身處艱難，於是我從零開始，去空大修習學分，把能上的相關課程都去上，而且越發有心得，之後也順利取得了大學文憑。」涂春娥充滿感謝的說：「上天待我不薄，讓我在這年齡還有能力貢獻社會，讓我越做越開心！」

身為管理者，涂春娥常常自我鞭策並持續吸收新知，除了藥物知識與護理技術，同時也要連結社工資源，與家屬保持良好互動關係。例如重症病人回家不易，春節邀請家屬一起吃團圓飯，節日舉辦各種同歡的活動及比賽，就是要鞏固家庭支持系統。她強

涂 春娥

屏東科技大學社會工作學分班，空中大學附設專科社會工作與福利行政科畢業，2005 年起任職慎修養護中心教保員，2015 年接任主任職至今。

調：「家庭支持很重要，與家屬互動良好，讓家屬安心，我們就開心。」

慎修院區共佔地三公頃，有永康樓、祥和樓及行政大樓等三棟大樓，空地上分佈著退役的戰車及軍機，而偌大的戶外空間是院生散步、曬太陽的好地方。從前擔任教保員時，涂春娥負責為院生設計生活課程，「好好的人，一下子沒辦法生活自理、然後又被送進機構，心情一定很失落。這時慎修的服務很重要，要把個案的身體打理乾淨，每天給予適度的關心，並鼓勵做復健治療、協助推輪椅去上課，讓其漸漸地適應新生活。」

重症患者有很多休閒選擇嗎？涂春娥瞪大眼睛說「有喔！有推輪椅比賽、擲筊、投球、打麻將、下棋及卡拉ＯＫ等，有些人雖然說話斷斷續續、結結巴巴，卻能完整唱完一首歌。」設計多元活動的目的，除了休閒與復健，更重要的是將慎修經營成真正的家庭，在生活中撫慰每個人的心靈，重新找到人生的價值。

涂春娥回憶，有來自台東長濱的個案，在四十幾歲時因酗酒而中風癱瘓，進入慎修後非常抗拒團體生活，又因機構完全禁酒，酒癮發作時常逞兇鬥狠在院內爆發衝突。「他講話很衝，還說要拿刀殺人。我每天溝通，經過兩個多月後才慢慢進入狀況。之後，他身體每況愈下，還遭遇二次中風，過世前躺在病床上握著我的手說：『還好有來慎修，謝謝妳，把我照顧得很好。』」

「生而為人，每個人本來都一樣，不管是肢體還是智能障礙，只是出生後有缺憾，都需要互相幫忙。我常跟同仁分享，組織之間用點線面服務，個案就能獲得完善的照顧。連結大家的心很重要，社會上只要有真善美的循環，就能更加和諧。」

追中輟生，追出百態人生

李玉美同樣在四十多歲時才轉入社福領域，為什麼當初要應徵慎修教保員？她笑道：「因為年紀大了，追中輟生跑不動了。」

她有許多證照，洋洋灑灑列出，包括社會工作師、就業服務乙級技術證、防火管理員、中餐烹調丙級技術證，還有社會工作人員督導、身心障礙職業輔導評量、園藝治療、特殊需求者口腔照護指導員、長期照顧社會工作人員訓練（Level-1）、教保員進階班及早期療育教保員等結業證書，此外還在進入慎修後讀完兩家研究所。旺盛的學習動力，全是為了回饋社會，報答生命中遇到的每一位貴人。

李玉美家中務農，在六個兄弟姐妹中排行老二，高中時父親過世，人生變色，當時四個弟妹都還是學生，大姐去西部當作業員，只剩媽媽獨自耕耘一甲地。在台東家扶中心幫忙下，三個弟弟獲得國外認養人資助，家扶社工也以自家人的態度，陪伴他們全家度過難關。

「我家很窮，小學時拿家裡種的棗子去學校賣，雖然違反校規，但大家都睜一隻眼、閉一隻眼，校長、老師和同學們都會跟我買。爸爸過世後，老師鼓勵我不能中斷學業，於是白天陪媽媽種田、載棗子去市區賣，晚上去讀夜校。」後來，李玉美在太麻里的鋁門窗公司當會計，在因緣際會下認識在同區當警察的未來老公。

「從小到大，都在幫忙扛家計，第一次感覺有人把我捧在手掌心。我以前體重六十幾公斤、皮膚還黑到發亮，都沒人追，一直都是幫忙寫情書的角色。本來只想讓人知道有人追，沒想到弄巧成拙，對方竟跑來家裡提親，才認識不到一個月就要結婚。當時三

李 玉美

屏東科技大學社會工作學分班、空中大學社會科學系、台東大學健康促進休閒管理碩士、美和科技大學社會工作碩士畢業。1998 年起任職慎修養護中心社工組長，後成立臺東縣社會工作師公會，並擔任理事。

VAVI 樂團除了公益表演，更進一步爭取街頭藝人證照。

個弟弟還在讀小學，我還被全村的人罵，連媽媽也哭了。」

古有三顧茅廬，李玉美的終身大事則是八次提親。最後李媽媽被感動，對著親家公說：「阿美還在讀書，我不要聘金，能支持她讀書就好。」

公公一口答應，李玉美後來讀空中商專、大學與研究所，所有學費都由公公資助，也常幫忙照顧孫子、給獎學金，讓她沒有後顧之憂，還可以回娘家幫媽媽種田。

專科畢業，任職鋁材行擔任會計，老闆夫婦也很照顧她，幫忙接送讀幼稚園的兒子，並督促寫作業。五年後，她從空中大學畢業，決定轉往東區職業訓練中心擔任輔導員，老闆才依依不捨放人。

「輔導員要輔導失業者就業及找回中輟生，我每個禮拜一都去鄉下或是山上，有的孩子躲了兩、三天，想回來但不敢回來，要等輔導老師去接。有時去部落，發現孩子的家人全都醉倒了，也難怪沒有人可以載他們去火車站。我從門口就要開始用跳走的方式，避開醉倒的家人，然後一路跳到裡面，才把孩子找出來。」

任職十五年後，某天她在求職欄看到慎修養護中心一直在徵人。通常員工流動率大，一般人會避免接觸這個職缺，同事也以照顧重症病人不易而企圖勸退她。但李玉美心繫回饋社會，於是毅然決然轉往慎修應徵教保員，而這一待又是十二年以上。

「來了才發現，慎修最大的問題是走不出去，讓募款被侷限。」但李玉美要怎麼幫忙找資源呢？

八部合音？拍手就對了！

李玉美把好喝酒的院生統稱為「英雄好漢」，但養護機構是禁令飲酒，好漢們只好在圍牆邊，或是在老樹下，等待外面的人來送酒，這種違反院規的行徑讓人相當頭大。「院生一直衝撞體制，當無法處理時就換社工。直到與他們培養信任感後，他們才哭著說：『喝酒是身不由己，因為心情鬱悶，沒辦法承擔自己變成這樣。』」

當時李玉美正在台東大學就讀健康促進休閒管理碩士，她猶記教授曾在課程中介紹園藝治療，有助於舒壓、提升心靈狀態。於是她邀請中心老師、社工、生輔員及護士等同仁，陸續參與園藝治療師的培訓課程。推行園藝治療後，她針對二十四人做研究，發現大家都願意一起學習，也普遍獲得好評。

「用創新方式帶領，大家都有笑容了！」

◆◆◆

慎修最著名的 VAVI 樂團，也源自李玉美的創新構想。VAVI 是阿美族語，意指山豬，也是明連大哥的綽號。

李玉美回憶：「有個獨腳的院生常常在樹下吹口琴，而且每次都吹〈孤女的願望〉，是非常悲情的旋律。聽了幾次後，我問：『明連大哥，為什麼只有你一個人在吹，而且都是這麼哀怨？』原來他以前跑遠洋，休閒時喜歡到山上抓野豬，腳是當時不慎被野豬咬斷，自己還從山上爬到平地才被人救起。『真的喔？你好神勇！這樣吧，想不想有人跟你一起吹口琴？請你當口琴老師好不好？』」

之前也有人請他當老師，結果不了了之，讓他的自信心頗為受挫。「再給我一次機會！」最後在李玉美不停鼓吹下，終於應允。於是她開始招兵買馬，成立口琴班，成員智能障礙、肢體障礙各佔一半。但這些人，不是看不懂，就是無法準確操作樂器，「我們號稱『八部合音』，不管他們吹什麼，我們只管拍手就對了！」李玉美笑嘻嘻地說。

她想起從前在東區職訓中心，曾與旮亙樂團合作，激勵不少孩子。另外，「旮亙」是阿美族語 Kakeng，為幾近失傳的阿美族傳統民族打擊樂器竹鐘，對文化傳承別具意義。於是二〇一三年七月，慎修邀請旮亙樂團席乃罕達邦老師指導，並成立 VAVI 樂團。

◆◆◆

音樂療法贏得眾人好評，李玉美企圖用理論提升音樂療法品質，於是再度報考美和科技大學社會工作系研究所。另一方面，採購樂器與聘請師資一年需要十幾萬的經費，當時李玉美常常跑回東區職訓中心借樂器，更別提慎修的經濟狀況已捉襟見肘。在社福圈好友的推薦下，慎修開始參與台新銀行公益慈善基金會的「您的一票，決定愛的力量」活動，在二〇一四年~二〇一六年間三次撰寫打擊樂器成長工作坊提案，並順利獲得經費補助。

「VAVI 的班長阿俊（化名）以前從商，在外面走路有風，連縣長都認識他，後來中風坐輪椅，聽到要出去表演很排斥。」他進入慎修時，李玉美已考取證照成為承接的社工，她又接著成立臺東縣社會工作師公會。為了情義相挺照顧自己的玉美社工，阿俊

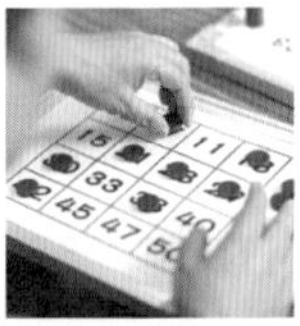

台新志工熱情參與慎修的院內活動，陪伴著他們成長。

終於跨出機構，和大家一起在中正堂表演，也獲得熱烈的掌聲。

VAVI樂團力爭上游，除了公益表演，更進一步爭取街頭藝人證照。過程中台新也非常鼓勵，也安排快閃促票活動讓VAVI現場表演。李玉美引以為傲地說：「我們是第一個申請街頭藝人的社福機構，成員由身心障礙者和工作人員組成，依身況能力許可分配樂器。考證照要跟現場互動才可以加分，當天到場加油的都是平日受感動的伙伴，也因為有台新這筆經費，我們才有辦法考上。」

◆◆◆

旮亙樂團資深團員阿梵是排笛手，本業從事旅遊業，在席乃罕達邦的邀請下，一起到慎修擔任VAVI樂團的音樂師資。為什麼學排笛？她不假思索地說：「因為我自己是阿美族啊！旮亙團長推動文化樂器傳承，我喜歡音樂，也認同團長的想法，想為自己的族人盡一份棉薄之力。笛類的聲音跟弦樂一樣，可以扣人心弦，也比較有想像空間。不過學樂器還是要自己有興趣最重要，學習才能長久深入。」

VAVI樂團演奏的音樂以原住民歌謠為主，譬如〈馬蘭姑娘〉、〈太魯閣之戀〉、蘭嶼情歌及布農族情歌等。使用的樂器包括：排笛、竹鐘、竹鼓及沙鈴等，其中以沙鈴最好入手，排笛難度最高。阿梵表示，教導一群重度身障的學員，其實沒有什麼特別方法，只是要多很多耐心。身障者思考邏輯與肢體協調不如一般人流暢和運用自如，常常一小段音符和節奏就要教兩、三個小時。雖然難以達到技術與情境上的專業度，但是音樂無設限，只要用心練習還是可以演奏出自己的風格。

排笛並非人人都能吹出聲音，更別說要吹出優美的旋律。阿梵特別標榜VAVI的排笛成員，多數因發生車禍而造成下半身癱瘓，頭部也嚴重歪斜。但他們還是歪著頸子、配合自己的手努力練習。「他們有心想學好，現在也吹得很不錯。」其實和他們互動教學時，總會被他們認真學習的精神所感動。或許無法演奏得非常專業，但真正感動人的是態度。

與慎修結緣之後，阿梵有感世事無常，但任何不幸的意外，都不能剝奪任何人對生命的熱忱和希望。她強調，生存不是活著而已，還要知道生活的目的，找到生命的真正意義與價值。不管是當街頭藝人，或是去台新金控旺年會表演，團員們都會害怕、怯場，但還是用非常認真的態度去展現學習成果，那股認真，就是對自己最可貴的回饋。

二〇二〇年一月十九日，台新金控旺年會現場齊聚海內外近八千五百名員工，表演節目特別安排VAVI樂團與台新金控資助的灣聲樂團同場演出，台新金控董事長吳東亮、夫人彭雪芬及台新員工在台下，和著拍子熱情聆聽，演出完畢後，全場掌聲雷動，給了VAVI樂團莫大的肯定。

灣聲樂團音樂總監李哲藝表示，成立灣聲樂團是希望代表台灣的聲音，並以諧音One Song期許成為每個人心裡的一首歌。而藝術概念是：古典音樂台灣化與台灣音樂古典化，透過拉近兩種文化的距離，提升觀眾的共鳴，促進古典樂的普及度。回想與VAVI樂團的合作，李哲藝對身障者組樂團，以及加入原住民樂器的概念表示肯定，他說：「音樂演奏沒有什麼不可能，只要找到最適當的方式表演。」考量身障人士練習新曲較辛苦，也要花費較多時間，因此曲目挑選VAVI熟悉的音樂，再由灣聲的專業團隊加以配合，如此一來也能兼顧藝術性。「完成演出後，可以看出VAVI團員自信心大增，且相當享受表演的樂趣，這就是音樂的魔力。建議VAVI樂團未來可以再結合更多的元素，並擴大編制，號召更多院生參與，此外也可以結合社區民眾，用音樂為媒介，與機構附近居民同樂，產生良性互動。」

對於台新金控長期關注、資助社福與藝文團體，李哲藝深感欽佩，他說，台新行有餘力創立藝術與公益平台，讓藝術家與其作品得以獲得實質的支持，弱勢的社福團體也能獲得資源與鼓勵。有更多美好的人事物被看見，才能落實更多元的價值面向。

風災震撼，夢見老樹求救

有了音樂及園藝治療，慎修人看待院區內的一花一木更有感情，彷彿都是自己的孩子或好友。無奈世間有天災人禍，二〇一六年台東尼伯特颱風肆虐，造成慎修房舍損失慘重，四棵百年老樹倒了三棵，沒倒的也只剩下根部微微皮肉相連。

「祥和樓整個灌水進來，永康樓還被三棵榕樹壓到，裡面都居住重癱的院生。」李玉美蹙起眉頭，往事歷歷在目。慎修開始尋求外界及各單位協助，但風災過後，大家自顧不暇，一時之間難以釐清主管機關的責任歸屬。「主動關心我們的竟然是台新志工，打電話來詢問狀況、瞭解需要什麼幫忙？我們棉被及衣服都泡水了，台新志工就先把涼被、枕頭及一些必要物資運進來，之後台東縣社會處也來幫忙媒合各種所需。台新志工那段期間幾乎天天打電話，還啟動天使團來看看是否能幫忙修繕房舍。」

慎修光是屋舍毀損就達新台幣四百五十萬元，修繕房屋還需一百多萬經費，礙於動用社會捐款有嚴格的限制，還曾經因為慎修不是財團法人，也不是社團法人身份而告吹，涂春娥也因此血壓飆升而去住院，大家欲哭無淚。後來得知台東縣社會處有一筆民眾捐助的善款要指定給尼伯特受災對象，還好慎修符合資格。因當時許多單位都積極爭取該筆經費，李玉美特別感謝當時任社會處處長曹劍秋協助，以及負責審核的委員會力挺。

◆◆◆

災後重建工作相當艱辛，李玉美每天拿掃帚忙進忙出，耳邊卻一直有人叨念，讓她有點無奈。「明連大哥一直跑來跟我說『我家沒了』，連續講了兩、三天。我告訴他，我知道，我在努力，我家也受損，但我還不是先來這裡重建，我們會繼續努力。」

幾天後，李玉美忽然領悟，原來明連大哥口中的家不是指他住的永康樓，而是百年老樹。他每天坐在樹下等認識的友人經過，失聯許久的前妻也曾帶女兒來此與他會面。但是救老樹談何容易？馬蘭榮家倒了四十幾棵老樹，為了清除路面障礙，這些樹馬上要被處理。聽到要砍樹，鬱卒的明連大哥更驚：「真的要砍樹嗎？救不起來嗎？」他心繫老樹，不只是因為跟老榕、老松有感情，也是感謝這些老樹擋下十七級陣風，讓建築物才得以保存，可以保護居住的院生。

「兩百多歲的老松樹整個被劈裂、扭曲。我哪裡有辦法？」李玉美束手無策，嘴上說著沒辦法，還是跑去跟台新志工商量如何處理。考量參加「您的一票」活動後，社會

慎修規劃各種課程，
讓個案們都能找到人
生的樂趣與價值。

上有越來越多人認識慎修，台新也教過網路行銷，於是她在臉書發文求救。網友看了慎修的故事大受感動後，紛紛幫忙轉貼，很快地就引起專業人士關注，台灣都市林健康美化協會理事陳鴻楷團隊於是進駐台東，幫他們搶救樹木。

儘管有專家幫忙救樹，但現實面還是面臨許多困難，因周邊都是房舍，大型機具不易進入，又不能破壞圍牆的一磚一瓦。為了救樹，慎修還被質疑「為什麼要製造麻煩？」李玉美特別感謝承受最多壓力的涂春娥一路支持。經過鍥而不捨地溝通，終於將傾倒的老樹一一扶正，並加裝「義肢」，慎修養護中心工作人員高興鼓掌。明連大哥笑著說：「樹和我一樣，有重度殘障手冊了。」

「社工要救人，還要救樹，我晚上還夢到老樹說：救我、救我！」李玉美感動地說：「如果老樹活下來，也等於帶給院生希望。我們從不放棄服務對象，當然也不會放棄老樹。」

◆◆◆

百年松遺憾沒救起，榕樹四兄弟浴火重生，但樹下的人依舊等不到心心念念的妻兒。明連大哥常悔恨從前虧待前妻、沒顧好家，以致淪落至此。但跟著街頭藝人團隊出門表演時，才發現事實並非如此。

某天台東一家食物銀行開幕日，邀請VAVI表演，有個女孩從背後抱住明連大哥叫爸爸，定睛一看竟然是親生女兒，更驚訝的是發現她有精神障礙，而被安置在另一間機

VAVI與專業的灣聲樂團在台新旺年會上共同表演。

構做社區適應。為了與女兒再度碰面，也相信做好事會回報到自己身上，明連大哥從此更認真生活與表演。這也更證明院生與家人會面的意義。

考量就醫、返鄉會親友以及旅遊，都能提升身心障礙者的幸福感，慎修先是在二〇一八年「您的一票」提出安心就醫暨返鄉圓夢計畫，籌募提供身心障礙者就醫、返鄉的交通費。在即將從台新活動畢業前夕，院方深刻認知到擁有復康巴士的必要性，因此在二〇一九年提出採購復康巴士的計畫案，也獲得五十萬元補助。

有些重度殘障的服務對象進入機構後就沒再回過家，身體、心裡覺得被家人放棄更萬念俱灰。李玉美說，VAVI樂團第二屆班長阿良（化名），因為沒有錢就醫，也不好意思麻煩機構，自己苦撐，等到發現時醫藥費又更為驚人。參加樂團後，他獲得成就感，也重新找回自我價值。其中阿雄（化名）因愛的力量活動經費得以搭乘復康巴士返家，他才發現爸爸躺在客廳，身體狀況比他更嚴重，媽媽也要全天候照顧爸爸。

原來不是父母放棄他，而是本身已是泥菩薩過江，有口難言。阿雄終於釋懷，但十幾天後，媽媽竟意外過世了，所幸他們在最後階段有解開心結，讓阿雄放下心中的怨恨。

◆◆◆

參與「您的一票」活動，要向外界促票，對慎修來說，向來不是件容易的事，想當初他們沒沒無名，知道的人也誤以為是公家單位，其實慎修是公辦民營，經費都要靠自己籌募，而台新「您的一票」活動與背後龐大的資源，對他們而言，猶如是汪洋中的燈塔。李玉美說：「台新真的幫了我們很多忙，很多創新的作法，都是他們教的。」

因為是自己提議要參加，李玉美起初都是一個人在外促票，有時也跟著台東當地社福團體如李勝賢文教基金會、牧心智能發展中心及台東長青老人養護中心的社福好夥伴一起拉票。因為一個人可以有十票，可以支持十個不同的團體，所以她的作法，是先幫其他單位拉票，投完後再邀請民眾把票投給慎修；或是請夥伴拍下她在黑暗中促票的背影，再將照片傳回慎修的 LINE 群組。她甚至連同事聚餐也放棄，因為想把握時間去促票。「主管體恤她說，想要增加票數就要來聚餐！」她在那場餐會上獲得眾多主管的支持，漸漸的，同事們也凝聚更強大的向心力全力衝刺票數。

「即使眼看沒機會了，我們還是坐在電影院樓梯口玩『把最後一票留給慎修』的遊戲，在投票截止時間前，大家一起投票並截圖！」李玉美笑容滿面，她的勤奮、樂觀又謙卑，幫了自己，也幫了慎修。

善良認真，就足以點燃希望

台東縣政府社會處前處長曹劍秋對慎修的向心力讚譽有加，他回憶發生尼伯特風災後，慎修即使受損嚴重，同仁仍不折不撓地尋求資源，當時社會處也費了很大心力去協助恢復運作。尤其慎修在二〇一九年參與台新「您的一票」活動，竟然可以幫小小的台東，衝到五十萬元組的全台第二名，實在讓人振奮，而且亮眼的成績，充份展現同仁的凝聚力與創新能力，讓人員流動率也降低許多。曹劍秋還記得曾有 VAVI 樂團成員走路不穩，卻表示不用人攙扶，堅持自己慢慢走上舞台，讓他相當感佩。

「慎修的身障朋友不放棄自己，自組樂團，考上街頭藝人，還在觀光勝地鐵花村表演。從封閉自我、不願意走出，到接受鼓勵與訓練，建立自信心後，更願意與更多人互動。慎修的改變，有目共睹。他們用有限的經費把機構經營得一年比一年好，是非常棒、非常棒的團隊，值得大家仿效！」

現任社會處處長陳淑蘭表示，照護安養模式從過去的安置在居家與機構，近年來提倡社區型，讓身障人士保有回歸社區的機會，與人融合更能有效防止身心退化。陳淑蘭對慎修推行園藝治療、音樂治療的完整度，也感到欽佩。演奏美妙的音樂與種植花花草草，不僅能撫慰人心，也能刺激腦部與肢體，減緩退化速度。最棒的是台新還提供舞台，在集團旺年會上媒合VAVI與專業的灣聲樂團共同表演。她推崇台新所展現的企業社會責任，能開闢多元的資源平台，並執行眾多的創新方案，大力支持社福機構。

「讓身障弱勢知道『我還有用』很重要！透過表演可以跟大家同樂，同時找回自己的價值。而台新以感動服務拋磚引玉，也讓更多企業投入社會福利，實際為弱勢盡自己的一份心力。」

◆◆◆

台新人力資源處同仁許玲禕，自二〇一三年開始擔任志工，原先她負責屏東地區，二〇一七年起開始接觸慎修。她回想第一次抵達機構時，有大小朋友一起表演樂器、唱歌，並以舞蹈熱烈歡迎，歌曲有流行曲，也有原住民歌謠。對機構的第一印象是有規模，整體氣氛很有向心力。

「慎修收容身障者不只是照顧身體而已，還規劃很多活動，希望服務對象可以從其他事物找到自己的存在價值，並提倡互相幫助，行動不便與頭腦清楚的同組活動，還能各自發揮所長。」許玲禕說。

身為台新志工，十一月投票期時，許玲禕也時常和慎修同仁一起到台東車站或在網路動用親友力量幫忙拉票，甚至來台新面試等候的人，台新人力資源處也不忘幫忙促票，邀請面試者關注台東社福團體。她也發現，慎修在與台新結緣之後，不再單打獨鬥地促票，而是認真摸索投票方法，並主動帶頭整合新進團體、整合地區。讓慎修也可以成為幫忙其他單位的力量。「春娥及玉美姐，都是大好人，很熱心，也很有毅力，我很佩服她們，做每件事都很認真。每次去慎修都滿載而歸，可以互相成長。」

◆◆◆

談起慎修的未來計畫，涂春娥希望修繕老舊房舍，「只要能讓院生住得更舒適，我都願意支持。」

「二〇一四年以後是台新給我勇氣，成就慎修、成就自己。」李玉美再次溫暖鼓勵：「不要擔心障礙，只要願意，隨時都可以走出來，很多人會幫你的。社福單位也不要以為自己力量很小，只要願意，就會成為自己與別人生命中的貴人。」●

善的迴響

一、「愛的力量」平台對於您個人和機構有哪些關鍵性影響？

從我獨自與台東社福夥伴促票，到全中心員工、家屬、服務對象自發性加入慎修愛的力量鐵粉部隊，體會走出去才會被看見、發現更多機會，實現更多改變。慎修感受到台新天使對台東的溫暖愛護，每一票都是愛的化身，讓大家的生活更幸福。

1. **凝聚社福單位**：團結就是力量，從他人協助慎修促票，到帶領台東社福單位結盟、互相支援，喊出口號：一起到台北領獎，一個也不能少！
2. **串連政府能量**：透過愛的力量平台讓公私部門成為夥伴關係，台東社會處全力支持活動，讓台東獲得更多機會及正向的改變。
3. **風雨生信心**：尼伯特颱風重創慎修，幸好有台新天使不斷陪伴、指引向外訴求困境，終於獲得補助款重建慎修家園。實證永不放棄，一步一腳印必能再創奇蹟。
4. **組成慎修 VAVI 樂團**：一路幫助 VAVI 樂團從成立、取得街頭藝人認證，到走上大舞台與專業樂團共演。發揮音樂的魔力，推動院生走出機構分享生命故事。
5. **證明「我可以」**：發揮員工的潛能，在台新的分享下，學會管理社群、連結資源，以及如何撰寫故事，並透過照片、影片增加感動的力量，讓愛接力傳承。

二、晉升畢業團體後是否透過「愛的力量」平台所學，有自發性的創造或改變？

1. **正向經驗傳承**：全體以慎修為榮，能自信地自我介紹，並表達感恩之情。畢業後與其他社福單位分享促票、募款與行銷經驗，維持友好關係並相互支援。
2. **學習數位行銷**：台新在二〇一七年連結晶實科技（股）公司轉贈二手平板手機，慎修因此學會透過網路與外界互動、吸取新知，也能傳送 VAVI 樂團的迎賓影片，感動大眾同時表達慎修的需要。

年度	獲獎組別	提案名稱
2014	社會福利二十五萬元組	「迎向藍天，看見希望」打擊樂器成長工作坊
2015	社會福利二十五萬元組	「因為有你．讓愛轉動」打擊成長工作坊
2016	社會福利二十五萬元組	「逆轉人生．再創生命價值」打擊成長工作坊
2018	社會福利二十五萬元組	安心就醫暨返鄉圓夢計畫
2019	社會福利五十萬元組	慎修人的願望～「愛的復康巴士」

慎修養護中心

不要擔心障礙，
只要願意，
隨時都可以走出來，
很多人會幫你的。

慎修養護中心　李玉美

桃園市私立安康啟智教養院

余君蔭院長

構築一個心中永遠的家

一九九六年創立的桃園市私立安康啟智教養院，參與「您的一票，決定的力量」活動洗禮後，才逐漸建立募款與自立的方法。他們抱持無私的心胸，持續輔助其他弱小團體，成為社福機構典範，也與董事長何復山並肩奮鬥而結為連理，跨越血緣共組安康大家庭。

他為什麼要偷跑離家？

花花綠綠的衣褲在曬衣場輕舞飛揚，還有些衣物高高低低掛在鐵皮圍欄，空氣裡有乾淨的皂香，還混雜些草味。儘管周邊環境單純靜好，但這小小的世外桃源也曾兵荒馬亂，所幸不斷有貴人們傾囊相授，才得以有所不同。

身心障礙的院生都要花上很長時間，才能建立群體生活步調。安康啟智教養院院長余君蔭回憶，有一位介於重度與中度智能障礙的中年自閉症患者，住了八年，跑了七次，而且都是選在月黑風高、天冷濕滑的深夜翻牆外出，每次都因偷竊或翻弄商品而被店家通報，回來後都被安置在有鐵窗的隔離室。為什麼偷跑？因為該生有語言障礙，無法表達，因此至今也無人知道真正的原因。

對能自理及有社交能力的人來說，逃跑、離家往往是象徵叛逃體制、獨立自主；但對院生而言，如果他跑向自由，是否也代表心中有所追求？

這女孩子肯定做不了三天！

「我都跟訪客說，找到劉氏家廟就找到安康。」

位於平鎮的安康啟智教養院隱身在劉氏家廟一樓，每位訪客總是先在路口仰望牌坊，接著再拉長視線望進園子後的兩層樓建築物。這裡好像是個社區公園，花木扶疏、綠意蔥蘢，空地上擺了數樣休閒健身器材，還有一座南瓜馬車似的六人座鞦韆椅，四處走動的人，每張臉上都洋溢著微笑，在在與招牌的「樂活家園」相襯。

何復山接手安康啟智教養院的主因，主要希望自己中度智能障礙的女兒，未來有一個安身立命的地方。

「有人說看院生就知道院長是什麼樣！」余君蔭熱情地走出迎接，她留著一頭小男孩的俐落短髮，圓潤的臉龐上灑著稚氣的雀斑。她自二〇〇四年年底接任院長至今，仔細一算，竟然二十五歲就成為一家社福機構的領導人，果然有「君王庇蔭天下」的意味。她的名字霸氣，好勝心也強，但卻因出生背景，養女的身份，一直是她難以癒合的傷痕。

余君蔭原生家庭是苗栗大湖山上的草莓農家，她在十名兄弟姐妹中排行老八，因生父務農意外時傷殘一隻眼睛，為負荷龐大的醫療費，便將三個月大的女兒賣給桃園中壢的夫婦收養，「君蔭」是生父給她的祝福。

「從我有記憶以來，每次回原生家庭時，親戚都說『那個被賣掉的小孩回來了』。我高中時不太跟人說話，總覺得家人對不起我，我也對不起我自己。」從幼保科畢業後，她因個性孤僻、缺乏自信而畏怯找工作，在母親的引薦下進入庭芳啟智教養院服務，也在那裡與她當時的主管、現在的丈夫何復山相遇。

余君蔭好氣又好笑地說：「我印象最深刻的是，剛工作沒幾天就聽到他說：『這女孩子一定幹不了三天！』」坐在身旁的何復山聞言哈哈大笑，這話是他當年跟老闆閒談說的。「我的骨子裡天生不服輸，心想你瞧不起我，好，那我就證明給你看，努力為自己爭一口氣，最後在機構撐了五年。」

教養院裡的老少院生身心狀況各有不同，而那年她才十九歲，職責是協助餵飯、包尿布，有些院生會大吼大叫，她坦承當時常常受到驚嚇。離開庭芳後，她赴臺北市立大學體育學院半工半讀，在二〇〇四年畢業，年底接到何復山的電話，邀約她出任安康教養院院長，殊不知安康當時正瀕臨解散歇業的危機。

年過六旬的董事長何復山，貌似香港漫畫角色的老夫子，每講三兩句話就以呵呵笑來當作句讀，好像出生在太平盛世、人生一路順遂。其實這份看似豁達的人生態度，背後也曾歷經失業、失婚、財務危機等多重打擊。

他四十歲前在《民族晚報》經營工商廣告，報禁開放後，何復山將重心轉向經營社會福利機構，先是擔任瑞園啟智教養院董事，後協助成立安康啟智教養院、正強（聖愛）教養院及庭芳啟智教養院等社福機構。安康啟智教養院由創辦人葉秋香女士與夥伴在一九九六年立案，二〇〇三年因不符身心障礙福利法規定，導致嚴重的收支失衡而瀕臨解散。何復山看遍教養院機構生態，為何還願意接下這塊燙手山芋？

「葉秋香的先生跟我一樣是廣東人，有同鄉情誼，我會接手的主因，也是為了我的女兒小春。」

談話當下，小春正在廚房幫忙洗菜、切菜，她是安康的廚工助理。她是何復山與前妻所生的女兒，被診斷出中度智能障礙。「小春的生活自理能力很好，但社會適應能力很差，若是到陌生環境，就會喪失某些功能。總有一天我會離開她，她的哥哥也會有自己的家庭，能替小春建立一個安身立命的地方，是我承接安康的最大動力。」

何復山不以年齡來論能力，基於過去在庭芳的觀察，決定聘請越挫越勇的余君蔭擔任領導者。「如果做倒了，我就是讓安康倒閉的院長；如果做起來了，我就是那個逆轉的院長。」回憶當時心態，余君蔭的魄力重現。

余 君蔭

桃園市私立安康啟智教養院院長，在母親的引薦下首度進入庭芳啟智教養院服務，後赴台北市立體育學院半工半讀，2004 年受何復山邀請，25 歲出任安康院長迄今，領導瀕臨倒閉的教養院自谷底重生，並籌建龍潭新院區。

余君蔭到職後，剩不到幾個月就要進行機構複評，必須雷厲風行整頓。以安康當時的狀況，要通過機構評鑑，究竟有多困難？夫妻倆竟同時搖頭。

余君蔭深吸一口氣說：「安康搬家前位於社區獨棟老舊的透天厝，雖然有四層樓，但有兩層樓是違建，採光通風不良，環境黑暗潮濕骯髒，蚊蠅滋生，且室內很像在迷宮，完全沒有無障礙空間，有些肢體障礙的院生必須靠輪椅代步，上下樓梯時，輕則由工作人員攙扶，重則則要由二人合力來抬。」

◆◆◆

法令對身障者保護越來越健全後，違建空間不得算入收容面積，立案時合法的收容人數，因為新法變成超收院生，只好大刀闊斧地裁減人數。第一波先從三十三人裁減至二十二人，不久縣府又要求改善計畫，規定在一個月內再從二十二人裁減至十五人。余君蔭累積的壓力也在此刻逼近臨界點，細膩傾聽的何復山成為她的心靈依靠，兩人交往不久後便結婚。為了解決安康的經濟危機，她挺著大肚子，每天焦頭爛額地騎著機車去外頭借錢、軋三點半，待在辦公室時也一刻不得閒，緊抓著電話筒，翻開厚厚的台灣社福機構名冊，一家一家地聯絡，想盡辦法為院生轉院。

「只要對方願意收，再遠我們都送去。」

裁減院生是被迫下的第一步棋，而搬家則是直接改善環境的方式。

上午休閒活動時間，安康院生一個牽一個，老師也安排看得見、走得好的院生，引領視力不良或行動不便者。眾人在庭院裡散步、拍手、繞圈圈，彷彿小型團康活動。此處的前庭後院都相當寬闊，還有擎天大樹，不知當年劉氏家廟是怎麼找到的？

原來這裡曾是瑞園啟智教養院據點，何復山在瑞園遷離前夕決定接手承租，安康於是在二〇〇八年五月遷入。不過，一開始的狀況也很窘迫，因沒有經費整修環境，處處顯得陰暗，一間寢室擺放了四張單人床，十五名院生分散各處，家具設備也滿是敲敲打打修補的痕跡，甚至還曾被形容像「惡靈古堡」，這句話令余君蔭心痛不已，也成為她日後致力改善安康生活環境的最大動力。她婚後生了三個小孩，加上何復山與前妻生的兩名子女，一共是五個孩子的媽媽。與生俱來的強烈鬥志，再加上為母則強的精神，讓余君蔭更想奮力一搏。

刀口上籌錢，走上募款長路

憑著一股正氣、一顆真心，余君蔭埋頭苦幹，但大多時候都只能從節流上努力。剛遷院的安康百廢待舉，當時收容人數已縮減至十五名院生，但工作人員多達十二名，加上房租增加，根本入不敷出。余君蔭只好與員工溝通能否分期給薪，在二〇〇八～二〇〇九年間曾積欠員工薪資長達四個月。

「我一一詢問，一一拜託。方便欠薪嗎？方便欠多久？他們都說：『就盡力吧！』

何 復山

1961 年遷台定居桃園，因長女是身障人士，40 歲後生活重心轉向輔導成立社會福利機構，曾擔任瑞園啟智教養院董事，並協助成立安康啟智教養院、正強（聖愛）教養院、庭芳啟智教養院等單位，自 2003 年接任安康啟智教養院董事長至今。

上午十點休閒活動時間，安康院生一個牽一個，老師也安排看得見、走得好的引領視力不良者。

能夠相互體諒，代表有看到我們真的很想努力。感謝員工一路跟著安康吃苦耐勞、並肩走過。」

社福機構新進人員流動率高，聘請年輕的工作人員一向是很大的挑戰，根據何復山觀察，幼保科畢業生通常只想待在幼稚園，社工系畢業生則傾向到公家單位。社工陳靖芬，自二〇〇六年進入安康服務，何復山讚賞她認真盡職又穩定，他說：「每次考慮轉介院生，靖芬總是第一個跳出來反對，她負責在前線溝通、反應、找資源幫助，比我們更能同理家屬的狀況，與院生、家屬建立非常深厚的感情。」

◆◆◆

安康一直面臨艱鉅的經濟考驗，如果每月固定收入是新台幣八十餘萬，光是員工薪資支出就要超過七十萬，再加上房租、水電、伙食費、勞健保及勞退等固定支出，每月沒有貼補三十萬是無法收支平衡，更別提要籌措建院經費。何復山分析情勢：「小額捐款是我們增加經費的主要管道，但來自社會的捐款卻越來越少，另一方面，一九九五年後各縣市成立許多社福機構，桃園就接近三十多家，已瓜分政府與社會資源，以我們這些中小型機構而言，如果沒有依賴募款是根本無法存活。」

何不漲價？

根據衛生福利部規定，身障機構收取領有身心障礙手冊者之住宿式照顧費，重度以每人每月新台幣二萬一千元為基準，中度則每人每月新台幣一萬六千八百元為限，除了住院看護費，多收一毛錢都不行。余君蔭說：「機構床位幾乎都是滿的，院生如果離開安康，不知道下一個住所是哪裡。能留在這邊，無論經濟面、服務面，對個案或家屬都會好很多。」

曾有院生因為精神失控必須轉介到其他機構，家屬擔憂離開安康要花更多錢而拒絕，並三番兩次打電話到機構辱罵院長、社工與教保人員。最令人瞠目結舌的是這句：「如果不是我生這種小孩給你們照顧，你們怎麼會有工作？」余君蔭回想起依舊是氣到七竅生煙，她大嘆：「簡直可惡極了！我們家也有一個身障兒，如果我們不知道身障家庭的辛苦，就不需要拚命撐起安康，早就讓它解散了。」

為就近照顧院生與處理緊急事件，兩人就住在安康的路口。余君蔭常提醒家屬：「我們是夥伴關係，不是商業買賣關係，我們要陪著你的孩子一起到老，不是把孩子丟給我就跟你沒關係。如果我們不成為夥伴，就無法為孩子多做一點事。」

◆◆◆

久未出現或斷聯的家人不盡然是因為自私冷漠，大多是為錢所苦。

曾有院生的哥哥因積欠近新台幣八萬元的費用，以致避不見面，余君蔭便提議由機構吸收呆帳。「直接遣返院生，可憐的還是孩子，會造成社會問題。我跟他說，她是你這輩子唯一的妹妹，只要你願意多來探視，我們就把這筆欠帳歸零，給彼此一個重新開始的機會。」

當然也有令人哭笑不得的案例，有家屬看見院生功能衰退而驚呼：「我送來的是健康的孩子，現在怎麼會變這樣？」問題是，孩子也會長大、衰老，若不常來探視，印象往往停留在送來的模樣，因此機構會經常寄照片給家屬，讓其了解院生的生活點滴與近況。

◆◆◆

第一次院舍改善是二〇一〇年十二月，資金來自潛能開發團體協助籌募的一百多萬元。院舍前段為三間教室（劃分為樂活班、朝陽班及活力班）與一間行政辦公室，後段是廚房、餐廳，擺了數張如流水席的大圓桌，靠牆有兩區刷牙盥洗台，鍋爐及電熱水器，尖銳的邊角還細心地包上氣泡布，防止不慎碰撞受傷。戶外安排洗衣間與曬衣場，還有類似車棚的儲藏室、污物處理室。

宿舍區位於中段，左方粉紅區為女生宿舍，右方淺藍區為男生宿舍。房間有四人房和三人房型，為便於院生辨識自己的房間，皆以水果命名並貼上圖案，每間寢室約二十八平方公尺，依據法令規定，每人分配到七平方公尺寢室面積。考量院生安全，不得擺設上下舖，全部都是單人床，床墊厚薄高低也是依據肢體活動能力設計，並設有緊急救護鈴。為爭取更寬闊的生活空間，改建時共拆了九間廁所三道牆，讓兩間寢室共用一間衛浴，只是院生不太習慣關閉兩扇門，余君蔭喃喃：「我以為的好意，對他們來說可能是個障礙。」

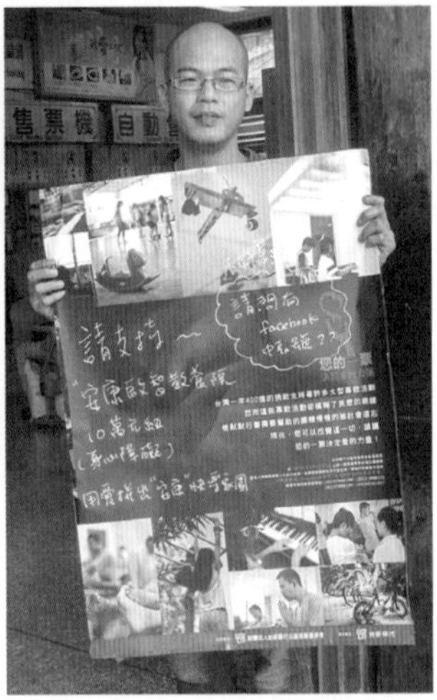

安康投入「您的一票，
決定愛的力量」活動，
為院生爭取補助。

談起真正讓安康起死回生、自窮困潦倒的谷底起飛的關鍵，余君蔭總歸一句：「我記得蝶姐說過一句話，自助人助天助，如果你連自己都不想幫自己，就算很多人幫忙，你也走不出去。」她口中的蝶姐，正是台新銀行公益慈善基金會的榮譽志工張麗蝶。

張麗蝶自二〇一〇年開始擔任台新志工，負責邀請安康參加第一屆台新銀行公益慈善基金會舉辦的「您的一票，決定愛的力量」提案活動。余君蔭很不好意思地說：「蝶姐打了好幾通電話請我們參加提案，我都說不要參加。自認安康就算報名也不會入選，能獲得青睞的肯定都是知名度高、外部資源豐富、人脈圈廣大的機構，我們對自己完全沒信心。」

雖然一再被婉拒，張麗蝶仍然鍥而不捨地鼓勵，「妳還是參加一下吧，得獎對安康有幫助。過沒幾天又接到她的電話，關心提案的撰寫進度。」在盛情難卻下，她寫出「用愛拼出『安康』快樂家園」，內容是更新四十二名安康樂活兒的單人床組及床頭櫃。順利入選後，後續拉票過程也經歷一場觀念與方法的洗禮。

「這下子好像玩真的了。」

◆◆◆

張麗蝶從前是台新銀行的電話行銷主管，在擔任台新志工期間，有感台灣民眾每年捐出四百多億的公益基金，有百分之八十三都流到體制龐大的單位，尤其像安康這樣的小型組織，更是很難獲得政府補助或社會青睞。再加上也不懂怎麼行銷，經營倍感艱辛。藉由「您的一票，決定愛的力量」，她運用電話行銷技巧解開機構的防備心，幫助許多社福團體釐清方向、掃除經營盲點。

第一次參與票選，安康原本票數很差，張麗蝶就建議安康去公園、街道、火車站、學校及菜市場等人潮眾多的地方拉票，自己還發動台新員工投票，才讓安康獲得十萬元公益基金，並幸運再獲得十萬元的評審加碼獎。為了讓所有院生都能換新床組、衣櫃與寢具，張麗蝶又在台新內部發起募款，補足其他九萬多元的差額，終於改善了院生的居住品質。

余君蔭感慨的說：過去機構的家具都是使用別人淘汰的二手貨，壞了一修再修，「您的一票」活動驚醒了她，原來她的院生也可以使用全新的家具，過有質感的生活。「還好當初台新對我們不離不棄，院生才能提升生活品質，並且讓很多人知道桃園平鎮有個安康啟智教養院，對我們日後走向募款這條路給了很大的支持和鼓勵。」

張麗蝶也特別讚賞余君蔭的堅毅與真性情。「第一屆頒獎典禮公布評審加碼獎時，當聽到安康得獎時，她簡直不可思議，而且當場激動到痛哭流涕，好像有一種努力很久了而終於被看到的感動。」

台新銀行公益慈善基金會彭筱瑜觀察，安康是「您的一票」活動中成長最快、最積極的團體。從需求被看見、被幫助，再到學會方法，處處把握機會主動行動。一般社福團體要到某種規模才會設立行銷或公關人員，而安康大膽啟用兩位專員負責募款與行銷公關事務，了解專業分工的重要性。甚至建立終老之家時，也開啟募款新思維，一路除了募款、募土地、從募磚頭開始，再從募地上物，分批募集油漆、門片、廚房及地板等，打破傳統資金籌募做法。這種山不轉路轉的作風，不僅更容易達到目標，從不同花色、質地的磚材組成的地板，也更能凸顯眾志成城、大家貢獻資源合力組成家園的概念。

台新提供安康豐富的人脈與物質資源，更透過「您的一票」促票機制提供機會與社會互動，台新也重視實地拜訪，邀請志工赴院區觀察環境與院生生活起居，扎扎實實地調整改進方向。彭筱瑜強調，台新角色是拋磚引玉的領頭羊，在協助救急救窮後，提供社福團體釣竿，教導方法與技術，期望有天能自立自強，拉拔其他弱小，建立慈善的遠洋艦隊。

只要給他機會，他一定可以

安康依據不同程度分組教學，功能高者透過拼圖、串珠、五子棋、摺紙及疊積木等教具進行精細動作訓練。近身觀察繪畫的院生，他們的反應有如赤子，有些旁若無人地繼續作畫，有些發出好奇的窺視，有些則大方立起作品向訪客展示。

小飛（化名）也引以為傲院友阿良（化名）的作品，而一旁的阿良則一手拿彩色筆，一手撐著頭害臊地笑著。他的確有繪畫天分，畫中女子穿著華麗蓬裙，雙臂張開摟住兩個孩子的肩，背景空白處還畫了許多漢堡、薯條、可樂及蘋果。小飛自己也認真地畫著薯條，一根根描摹黑色線條，再來回塗滿桃紅及金黃色塊。

「我把速食解讀成對家人的思念，」余君蓤說：「小飛的父母每月來探視一次，每次都帶他去吃麥當勞或頂呱呱。院生教會我單純，有時也會童言童語指著陌生的志工說：『我哥哥來看我了！』可見內心是多盼望有人來探望。我跟訪客說，我不知道他們等下會說什麼、做什麼，也有可能喊你爸爸或媽媽，請大家多多包涵。」

對食物的眷戀，關乎生理需求的口腹之慾，也關乎心理需求的情感依存，再回推至襁褓階段，則與母體血肉相連。

阿智（化名）是元老級院生，從五歲入住，至今已是高大的青年模樣，他坐在輪椅上，頭戴安全帽（避免癲癇發作碰撞），嘴巴咬著一塊布，缺乏重心地搖頭晃腦。原來他在出生三個多月時罹患腦膜炎，腦部摘除三分之一，日後無論身體如何變化，心智依然停留在七～八個月口腔期的嬰孩，為避免不慎噎食奶嘴，院方改讓他咬T恤。對阿智而言，他認知中的「家」會不會只是充滿羊水的子宮，還是一塊用布料連結的世界？

◆◆◆

「您的一票，決定愛的力量」活動改變余君蔭與何復山對募款的想法，二〇一一年再度參加活動時，他們開始挑戰困難度更高的新台幣二十五萬元組。余君蔭坐在電腦前絞盡腦汁，思考要提什麼方案。「接手安康以來，一路遭遇許多挫折，有家長失聯或超過十年沒有來探視，也曾聽過低收入戶家長說『這孩子是政府養的，跟我沒關係了』，院生某種層面也很像孤兒，既然家長沒辦法來，那麼我們就帶他們回家去。」

余君蔭提出「我想你，我要回家～樂活兒回家記！」，內容是帶安康的四十名院生回家共享天倫之樂，並拍攝全家福與影音紀錄，最後彙整成書籍與影片，期望讓更多人

安康依據不同程度分
組教學，進行精細動
作訓練。

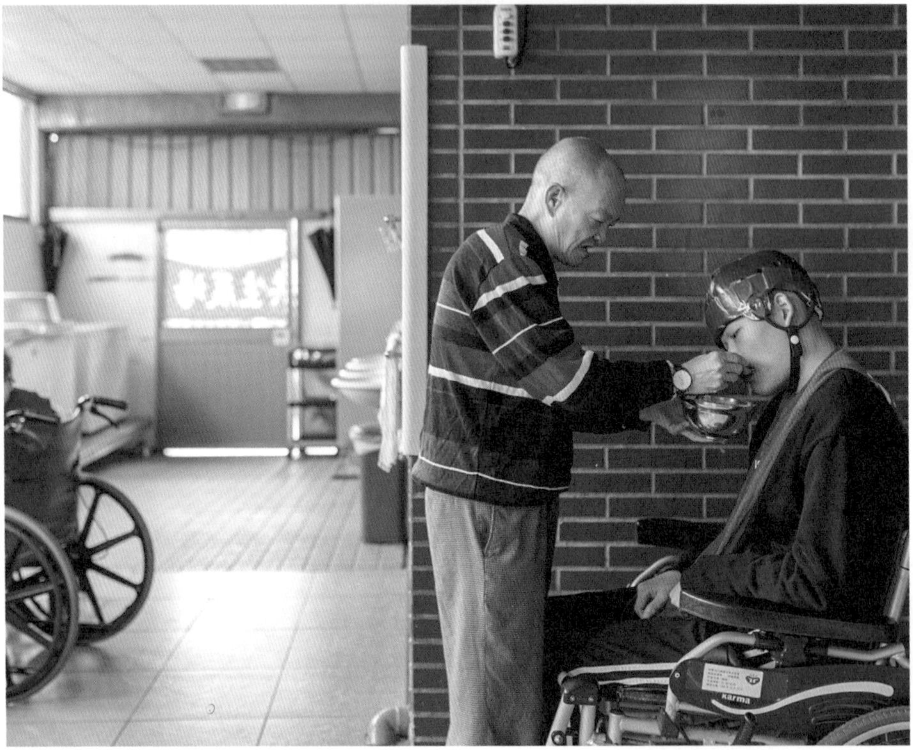

在安康，院生們一起
建立一個相互陪伴、
扶持的家。

認識心智障礙者。

回家計畫僅需半天，但院生來自全台八個縣市，要把他們一個個帶回家，並拍攝影像，人力與經費都相當吃緊。余君蔭在聯繫過程中不忘細心解釋，與家長凝聚共同目標，同時也面臨許多質疑，也有家人拒絕讓院生回家，多半是擔心親友或鄰居知道家中竟然有個身心障礙者，所以她只好退而求其次，有的改約在住家附近的餐廳吃飯，或拍攝時只拍側面，希望儘量促成活動。

「我印象最深刻的是小雀（化名）的回家，她有極重度智能障礙，從小與媽媽相依為命，後來媽媽昏迷住院，媽媽在醫院躺五天，小雀也在醫院打了五天的鎮定劑，哥嫂不得已只好把她送來機構。影片拍到小雀說：『阿母妳賣煩惱吼，我會好好佇安康。』」一語未歇，余君蔭瞬間鼻頭漲紅，「每次看那影片我都很受激勵，慶幸當時有提這個企劃，有些家庭因此拍到有史以來的第一張全家福，或吃到久違的團圓飯。」

回家計畫不但創造美好的回憶、連結院方與家屬的緊密關係，拍攝的影像資料也成為行銷素材，有助向社會大眾闡述安康的故事，為後續購地建院的募款專案大大地推進了一步。

◆◆◆

二〇一二年安康持續參與第三屆「您的一票，決定愛的力量」，提出「逆光飛行，守護樂活兒復健路，沒你救不行」，內容是每月聘請物理治療師及體適能老師規劃復健活動，並購買跑步機、手腳復健機等器材，期望強化院生的體能、減緩身體退化，使醫療費用也能隨之降低，不讓孩子淪為沉重包袱。

第三屆結束後，安康發起購地建院專案，因此暫停參加活動，將火力集中於募款買地蓋房子，也希望讓出機會給其他機構，直到二〇一七年才再提出「幸福安康，為樂活兒打造溫暖的房間！」，要為院生換購新衣櫃與床組。

「您的一票」活動規定，一家機構最多只能累積獲得五次公益基金，余君蔭提出別出心裁的畢業方案，她不只為院生謀福利，同時也希望扭轉社會的刻板印象。二〇一八年的「幸福安康，雞蛋糕分享快車」，請雞蛋糕攤商來院教導院生及工作夥伴製作技巧，並辦理十場活動，讓院生至偏鄉部落與其他社福單位分享熱騰騰的現烤美味雞蛋糕。

「雞蛋糕分享快車，讓院生透過雞蛋糕交朋友，也扭轉社會觀感，證明院生不是只有手心向上的等待，透過主動參與，他們也有能力付出一己之力去關懷他人，與外面世界產生新的連結。」

安康也常分享多餘的物資給鄰近單位或貼補運費送到偏鄉部落，余君蔭非常重視親到該單位視察，以確保資源能成為改變的契機。安康的主動分享，讓許多社福單位感到不可思議。

「我當初也是一路有人幫忙，讓我們可以站起來。我也相信只要越多機構可以站起來，我們就不會成為社會的負擔。」

余君蔭與何復山打造
了一個家，給這些需
要悉心照顧的孩子。

頤養天年，樂活兒終老所寄

安康現今服務的院生共有三十九人，年紀最大是六十六歲、最小二十三歲，共有三對兄妹檔，入住原因多為父母年邁、往生或手足自組家庭。一旦安置至此，院生的下一步通常是去安養院、護理之家，或上天堂，目前住滿十年者近半數。為了從根本改善機構體質，張麗蝶安排余君蔭向彰化縣私立慈恩老人養護中心董事長李金水請益經營方法，以及如何節省成本。為解決房租壓力，同時顧及院生不堪時常搬遷，安康自二〇一二年開始規劃購地建院，成立「安康終老之家」專案，期許給院生一個永遠的家園。

二〇一四年八月安康買下桃園市龍潭區竹龍路土地，二〇一八年五月開始動工，二〇二〇年落成後的「安康終老之家」將是四層樓建築，一、二樓規劃教室、辦公室、廚房與護理站，三、四樓是小公寓，每層分為兩個「家」，每家有三間四人房，並配備小客廳與廚房。戶外則規劃打造蚓菜共生農場，期望未來蔬菜供應能自給自足。

◆◆◆

安康是仰賴募款的單位，何復山與余君蔭有感而發，參與台新的投票活動不只讓安康獲得資源、建立自信，更重要的是學會行銷與募款方法。何復山說：「機構逐年增加，機構募款越來越困難，人跟人的互動是最好的行銷方式。投票活動讓我們真正領悟，機構需要社會大眾認同、支持，並不是坐在辦公室打電話而已，要帶領機構走出去讓更多人認識我們，才會成長茁壯。」

余君蔭也表示自己最大的學習是讓安康走出去，學會如何介紹安康、陳述需求，並讓人聽懂。未來希望顛覆社福單位的經營模式，讓捐款是加分，而不是生存必須。

「院長的職位讓我有能力給院生更好的服務品質，他們教會我怎麼去愛人，大方地表達情意與感謝。因為在這個社會生存不易，除了要感謝幫助你的人，更要感謝看不起你的人。如果有夢想就要放手去做，也許時間會花得久一點，但如果夠堅持，我相信總有一天會達成的。」她像是習慣性地為自己打氣：「哎，還是得拚啦！拚過去就贏了！」

◆◆◆

還記得前面提及的偷跑院生嗎？

余君蔭後來給了些答案的線索，這名院生也參加了那次回家專案，他在安康住了十餘年，但一回到社區路口，馬上知道他家在哪一棟，哪一樓。

「他還清楚自己的家在哪裡，所以我相信他們都懂，只是沒有機會表達，或許我們也沒有好好仔細關心。」●

善的迴響

一、「愛的力量」平台對於您個人和機構有哪些關鍵性影響？

我看見分享的力量。主動分享已知與創造的成果，除了能鼓勵、扶持弱小單位，累積自己的成就感，也能在過程中強化自己的溝通能力，或啟發創意靈感，可説是一舉數得。台灣需要分享更多愛，一起讓這片土地上的人們過更好的生活。

1. **團隊出擊：**帶領安康工作夥伴們走出安康大門，開始向社會大眾介紹、分享安康教養院的所作所為，並説明需要被協助的方式與項目，讓各界知道如何出錢出力。
2. **鏈結資源：**主動尋找社會資源，連結與商家、公益社團、家長、學校或其他社福機構之間的合作，學習到一加一大於二的力量。互助合作可相互激勵、讓提案更成功，也能學習到他人的優勢。
3. **凝聚向心力：**與工作夥伴分享活動提案動機、內容，與實踐後可為院生創造的成果，促使團隊全力以赴。凝聚共識才能讓提案成功入選，進而聚焦執行活動。
4. **強化社群：**開始建置 Facebook 粉絲專頁，學習撰寫文章分享、拍攝照片，與社會大眾分享安康成立緣起與院生的故事，累積粉絲人數與曝光度。
5. **增加行銷素材：**執行樂活兒回家拍攝計畫讓安康增加許多新故事和影音資料，成為籌建安康終老之家的得力募款題材。影片可直接感動參訪的企業團體或社會大眾，觸發幫助的動力。經過五次提案訓練後，安康順利募集建院經費，預計二〇二〇年入住。

二、晉升畢業團體後是否透過「愛的力量」平台所學，有自發性的創造或改變？

1. 「愛的力量」平台是資源豐富的資料庫，每當安康需要發想活動企劃案時，總有完整又精采的案例可參考。
2. 隨著終老之家的完工，未來預計開闢自立農場種植、銷售有機蔬菜，藉此創造新安康的服務特色，也讓院生們有機會體驗不同的生活品質。

年度	獲獎組別	提案名稱
2010	社會福利十萬元組	用愛拼出「安康」快樂家園
2011	社會福利十萬元組	我想你，我要回家～樂活兒回家記
2012	社會福利二十五萬元組	逆光飛行－守護樂活兒復健路沒你救不行
2017	社會福利二十五萬元組	「幸福安康，為樂活兒打造溫暖的房間」
2018	社會福利二十五萬元組	「幸福安康－雞蛋糕」分享快車

桃園市私立
安康啟智教養院

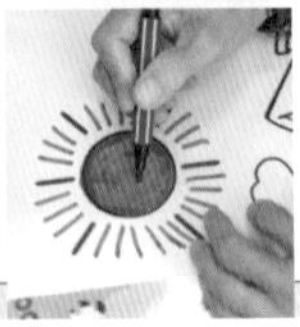

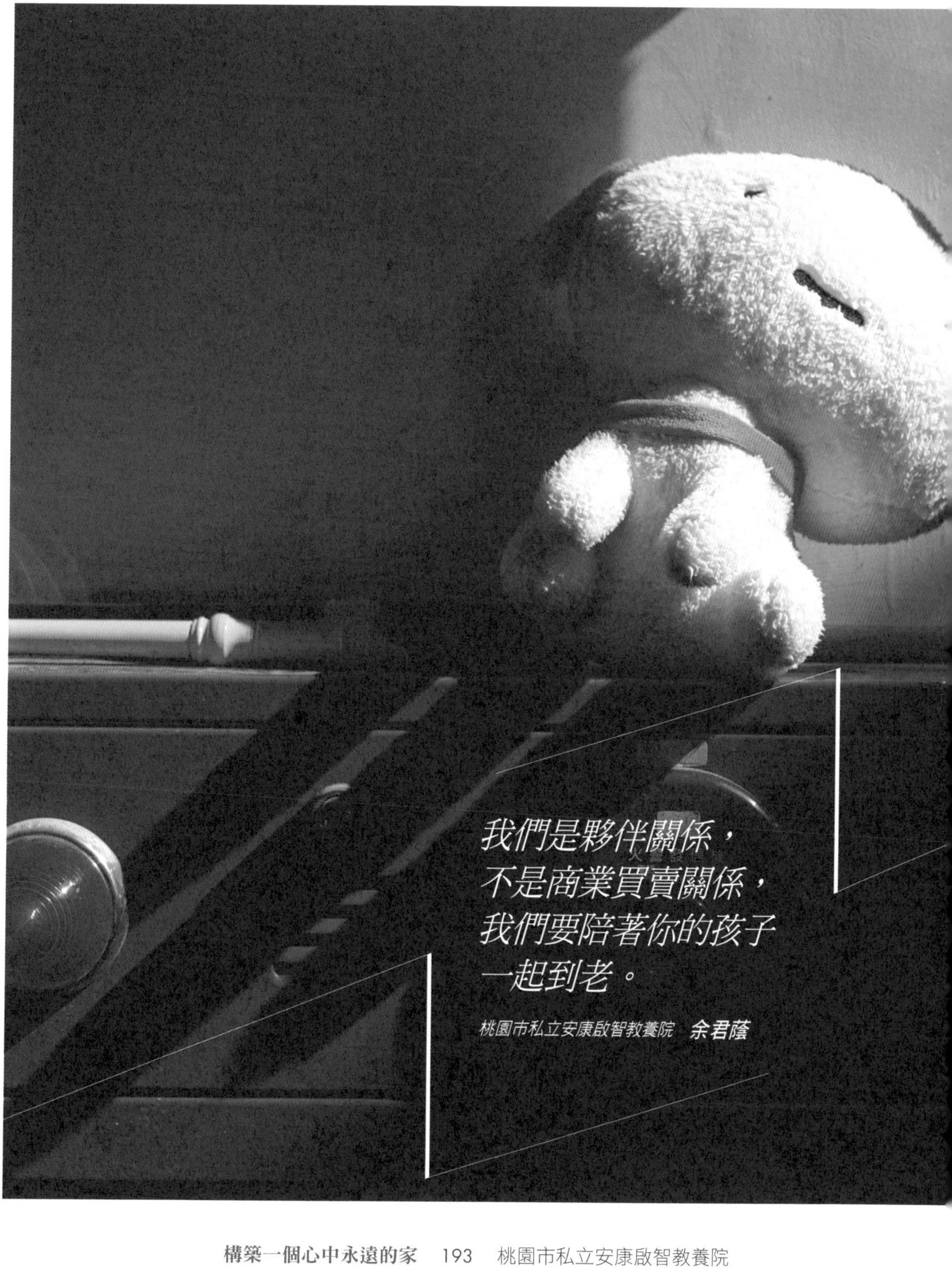
我們是夥伴關係，
不是商業買賣關係，
我們要陪著你的孩子
一起到老。
桃園市私立安康啟智教養院　余君蔭

苗栗縣私立幼安教養院

林勤妹院長

發揮烏龜精神一步一腳印

苗栗縣私立幼安教養院由林勤妹擔任創院院長，為苗栗開闢多元健全的社會福利，是當地服務身心障礙發展遲緩兒童、成人、失能老人與偏鄉弱勢的先驅。所成立的烘焙坊更是苗栗第一所身障庇護工場，推廣在地客家美味。而頗具特色的非洲鼓樂團，用音樂藝術渲染正能量。

人必自重而後人重之

今年六十歲的林勤妹，可說是全幼安教養院最有朝氣且勤快堅毅的人。人如其名，個頭小小，把自己打理得乾淨俐落，即使穿著休閒Polo衫，腰間還是謹慎地繫上腰帶。走在機構附近的貓狸山公園，她說早上也會帶孩子一起來運動。經過客家伯公廟時見信眾正在奉茶，溪澗旁有登山客熱情招呼，沿著棧道一路更綻放澎湃的金黃色阿勃勒，但說起來情意最深的還是山邊那幾叢嬌蕊欲墜的野生月桃樹，「我們端午節推出的客家月桃粽，葉子就是大家一起在山裡面摘的，既天然又好玩！」

功維敘隧道內變幻七彩霓虹燈光，同步放送火車運行與汽笛音效，是網美的熱門景點。不過對四十多年前的林勤妹來說，一班從苗栗開往台北的火車象徵了她擺脫宿命的機會。

◆◆◆

林勤妹為苗栗客家農家女兒，國中畢業後家裡不讓她唸書，在老師的介紹下，到台北的藥局工作。「我是個自我要求很嚴的人，在藥局上班時，老闆很賞識我。但有一次藥局錢短少了，雖然老闆知道我的為人，但還是有人帶有懷疑的眼光。」十幾歲的女孩子嚥不下這口氣只能請辭明志，其實心中卻忿忿不平：「我為什麼會比別人差？就算我技能再優秀、配合度再好，是不是沒有學經歷就註定輸人一等？」

她回到苗栗找到醫院開刀房的管理工作，白天上班，晚上到台灣省立苗栗高級商業

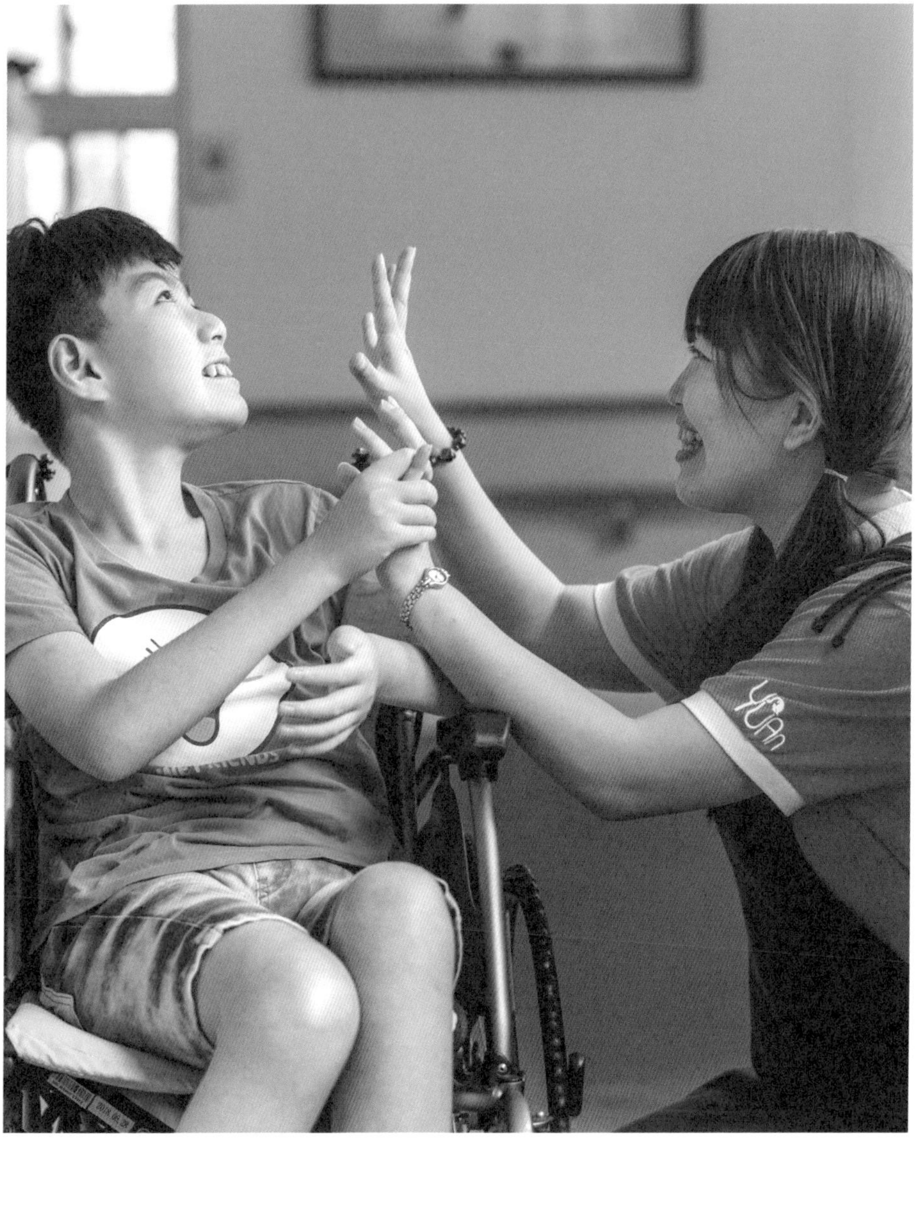

這些特殊的孩子們經
過密集刺激，能力就
能發展出來，未來將
會減少很多困難。

職業學校唸書，半工半讀下還拿到獎學金，之後又以第十八名考上聯合工業專科學校工業管理科。她憑一己之力開創學業與事業，領悟做任何事只要努力就有成果，即使遭遇很多辛苦，也終將值得，因此要勇於為自己設立目標。

親友結婚時，擔任伴娘的林勤妹邂逅了真命天子王志榮，後來成為一家眼科醫院的媳婦，又在公公王石山的鞭策下共同草創幼安教養院，從三十三歲入主第一任院長至今二十八年。小麻雀飛上枝頭，但她沒有變成矜貴的鳳凰，而是成了烏龜媽媽。教養院的標誌是一隻綠蠵龜，精神口號是：即使他很慢，但我們有信心。

◆◆◆

幼安教養院創辦人王石山為眼科醫生，開設苗安眼科醫院，其手足因車禍半身癱瘓，母親王黃幼掛念身障的兒子，立下為身心障礙者奉獻的宏願。在王石山退休之際，他決定回饋社會，取母親名字的「幼」及眼科醫院之「安」，於一九九三年成立幼安教養院。起初機構在頭屋鄉承租五十年的老舊廠房，並花費三百多萬元整修。後來房東收回房子，王石山毅然捐贈位於新英里的一千六百多坪土地，清幽的山區不蓋養老宅，改建教養院。

回想草創時的艱辛，林勤妹感慨當時民風未開，民眾對身障者接納度不足，甚至懷有疾病傳染的偏見，認為應該交由家人負責，而不是設立照護機構。因此幼安立案時曾被質疑意圖，完工後又遭諷為何身障者要住那麼好？「我們很訝異，雖然跟這些孩子沒有親緣關係，但我們努力營造更好的環境，希望為社會多貢獻一份心力。孩子們也和你我一樣需要溫暖的家，只是不會表達，為什麼他們就該低人一等？另外，能有好一點的環境，不是幼安有錢，而是創辦人願意捨得。工作人員和孩子都很努力，資助是讓我們更有力量。」

林勤妹坦言，起初被公公欽點當院長時，她感到五味雜陳，認為應該由專業經理人領導，堅持下來是因為深刻體悟：「這是份沒有投入就無法做好的事，沒有當志業的決心就沒辦法往前走。」

老創辦人王石山是受日本教育，所以特別注重整潔、細節與美感。林勤妹回憶，公公要求家人一定要在飯桌前吃飯，媳婦得每天化妝，以整齊的服裝儀容待客；他自己也以身作則，每天穿襯衫、西裝褲。自律甚嚴，但待人寬厚、富同理心，對長輩、低收弱勢家庭不收掛號費，就算三更半夜敲門，一定打開醫院大門服務，能急人之難，且擇善固執。

她的丈夫、董事長王志榮也承襲父親一致的嚴謹態度，為了讓服務對象吃得有品質，改革將飯碗換成餐盤，讓每種菜色分門別類，而不是糊在一塊。「沒有飯菜味，你吃得下去嗎？將心比心，當成自己的孩子就知道該怎麼做。就算是早療的小小孩也要吃得有尊嚴，口水一濕就要換圍兜，只要乾淨就會有自信。凡事守規矩、懂得自我要求，便更容易被接納，不至與人群越來越脫節。互動機會變多後，也能激發孩子展現更多能量。」

這種有條不紊與高度自律也反映在生活環境上，究竟幼安是如何打造出打破常規的教養院，讓眾人欽羨呢？

林勤妹

玄奘大學社會科學院社會福利學系畢業，1993 年創立苗栗縣私立幼安教養院擔任院長至今。榮獲全國十大艾馨獎、全國早療棕櫚獎。

與自然共生的日系教養院

「為孩子做點事情吧！」創辦人的一句話，不單是要安養，更要實踐家的真諦。為了建立專為身心障礙者設計的全方位教學大樓，幼安經營團隊遍訪建築師，並大量走訪國內外教養院機構，最後委託日商藤田及台灣李文卿建築師事務所設計規劃，經費獲內政部全額補助，加上台灣省政府及社會捐款挹注，二〇〇〇年竣工啟用，地上四層共計一千六百坪，可收容院民兩百名。

林勤妹回憶，日商藤田的建築師在現場馬上勾勒出草圖，說「如果交給我做，就請放心！」雙方一拍即合，一共修改了九次設計。當時苗栗沒有在地的教養機構，日本建築師於是開了十幾家機構名單，不只經營者赴日觀摩不下二十趟，連同水電營造主任也一同前往勘查。「日本的養護機構規劃得很完整，提供高水準的服務品質。環境很乾淨，工作人員對孩子、老人家的態度都非常敬業，且用心經營每個環節。當我看到孩子自己用餐盤打菜，就瞭解這裡是提供自理學習的地方，而不是安養而已。」

站在幼安教養院大門口，即可明顯感受風的流動。各區塊皆規劃大片玻璃窗引入明亮的陽光及新鮮的空氣，視野可延伸到庭院綠油油的大草皮，高處則有遼闊的青山白雲。機能分佈上，一樓為教室、行政辦公室，二至四樓為住宿空間，並規劃感覺統合教室、多感官室、多功能醫療室及職能治療室……等。廊道還加裝安全扶手，牆角採打斜設計避免碰撞受傷，並設置各種樣式的水龍頭。除了無障礙設計，還有緊急逃生梯的避難設計，並定期舉辦防災演練。

令人驚豔的是，建築外牆不見任何破磚，室內壁面一概平整潔白，地板處處光可鑑人，就連最容易霉黑生苔的洗手台也都乾乾淨淨，觸目所及一塵不染，也沒有堆放雜物，在在顯現居住者良好的生活習慣，完全看不出這棟房子有二十年了！

幼安團隊設定溫暖、永續經營為目標，考量環境會影響孩子的身心，因此設計許多轉換空間，譬如臥室有起居室，教室外有情緒轉換區，即使是小小的角隅都佈置得溫馨自在。林勤妹指著玻璃窗強調：「老創辦人堅持要有這塊玻璃窗，認為既然身障者無法常常出門，為何不透過環境連結戶外，讓視野可以無盡延伸。」又指著貼在燈座旁的生活公約，說明住民如何分工打掃，強調「生活即教育，教育即生活。」

還沒踏進生輔教室，就先聞到一股療癒的茶樹芳香，孩子們正在製作手工皂，眾人在老師的帶領下分工攪拌、切皂或包裝，室內播放冥想音樂，還有舒適的冷氣空調，完全卸除夏季的浮躁。能充分舒鬆身心，家具輔具也起了大功勞。幼安選用從日本引進的無障礙座椅，一張要價新台幣一萬多元，同時講究配色，以粉紅與粉藍為主。林勤妹說：「很多人問為什麼要用這麼好？我們從一開始就注重功能性、品質與美感，大家愛物惜物、用心維護，所以很多設備都用了二十幾年。因為營造安靜溫暖的空間，會有助孩子穩定情緒，可以在生活本位中做訓練。」

有趣的是，教室外走廊放置一顆醒目的大鼓，任何人都可以隨意打鼓，藉由鼓聲振奮精神；櫃子內的教具也開放孩子隨時拿取，獲得不同的刺激。另一方面，這種賦予信任的管理風氣更驗證了「自律所以自由」。

幼安的團體情誼在各種休閒活動最能顯現出來，例如當有班級在玩保齡球遊戲時，老師們會幫忙擺球瓶，院生或坐輪椅、推助行器，或踉蹌著腳步，個個都懷著雀躍的心

幼安是苗栗縣第一家教養院承接身心障礙者與失能老人居家服務的單位。

情輪流到軌道後方放置圓球，無論倒了幾個球瓶，大家都會幫忙拍手喝采，連一旁來不久的替代役也憨笑著鼓掌，每個人都很融入，整體感覺非常溫馨。

為了讓每種障礙別的院生都能參與遊戲，溜滑梯都由老師量身打造設計，並非現成品。「我們的老師和社工都具備十八般武藝，兼具媽媽、老師及生活服務員等角色，真的很不簡單！」林勤妹笑道。

◆◆◆

為了訓練每位同仁學習不同專業，幼安建立輪調機制，例如社工之後轉調教保老師，在職進修與心靈成長是人員培訓的重點項目。剛創院時，林勤妹更親力親為帶頭學習，曾經每天開著小巴士，帶領一群老師北上中原大學上特教系學分班，修習特教心理學與教材教具製作。第一學期有九人上課，第二學期帶十五人，學費、交通皆由院方安排，老師們都很積極主動學習。

「我希望把新觀念給同仁。但每要跨入新的專業範疇，就會有同仁質疑不是我們該做的，是否要暫緩腳步。經費與人力面都遭遇許多瓶頸，最大的衝擊還是很多社會人士落井下石、不看好。」

為驗證理論和實務，林勤妹更在四十三歲重返校園，經營幼安也同時攻讀新竹玄奘大學社會科學院社會福利學系。她有感而發：「社會福利是概括性的服務，需在執行過程中不斷嘗試。因應政策不同，也要隨之變化方案。讀書讓我的視野變得更寬廣，了解為什麼而做、孩子可以學到什麼，又能如何幫助家庭。有了理論支持，決策會更精準、更有說服力。」

目前幼安共有一百三十名院生，專業人員包括三名社工、四名護理師及五十位教保老師等，都以女性居多。人力結構有如金字塔般穩定，退休的老師也因深刻了解機構的理念與付出而成為志工好夥伴。「我們一直強調態度，再好的環境，如果沒有心，就無法把服務做好。所以用小烏龜當Logo，在龜兔賽跑的寓言中，小烏龜慢慢走，但用心走完每個階段。孩子的心境也是如此，不要趕我，讓我有機會，總有一天就會到達終點。」林勤妹說道。

穿梭山城的照護方舟

幼安有完整的服務架構，除了教養院，還包括：早期療育、長期照護、身障個管中心、社區家園及烘焙坊庇護工場等，致力編織健全的社會福利安全網。然而，不同的服務項目散落不同位址。苗栗是著名的山城，境內有超過百分之八十的山地和丘陵，對社工而言，這也意味著難以延伸服務觸角，需花費更多時間在交通上。「我們是到幼安才開始學開車！」副主任徐雯郁坐在駕駛座上穩穩地繞行山路，林勤妹坐在後座補充，因為同仁多是女孩子，時常得跑偏鄉服務弱勢家庭，也要載教具、輔具。為了安全、效率與便利性，每個組都配備公務車。

坐在幼安於二〇一三年參與台新銀行公益慈善基金會的「您的一票，決定愛的力量」活動，籌募到的早期療育行動專車裡，六年來，這輛車已征戰過後龍、西湖、通霄、苑裡、頭屋及公館等偏遠鄉鎮，提供至少六十位個案到宅、據點及中心式服務。例如，幼安承接的早療日間照顧中心，地點位於豐富火車站附近的苗栗縣身心障礙發展中心，儘管距離教養院僅十分鐘路程，但在繞行彎彎曲曲的山路後，會感覺時間特別漫長。可想見社工一邊開車，一邊在掛念著遠方的個案，一台車儼然成為運送希望的諾亞方舟。

◆◆◆

一九九七年，幼安在苗栗市蕉嶺街成立嬰幼兒發展遲緩早期介入中心，這也是苗栗縣第一個針對發展遲緩兒童及其家庭服務的機構。之後轉型為公設民營發展遲緩兒童早期介入中心，一九九九年起轉為公設民營身心障礙日間照顧中心，提供到宅療育、中心時段服務、偏遠社區療育據點及通苑造（苑裡鎮、通霄鎮、造橋鄉）早療行動專車、個案管理、醫療復健，連結醫師、物理、職能、語言、心理及社工等跨專業服務。

推動幼安開啟早療業務的孩子，是一九九四年收托的棠棠（化名），他罹患腦性麻痺，有吞嚥困難，連喝牛奶都會嗆到，六歲時被所有醫生診斷需要終身臥床。林勤妹忿忿不平轉述：「這種孩子教什麼？你把他餵飽就好！這種話讓我沒辦法接受。」接受早療訓練後，原本骨瘦如柴的他現在可以喝牛奶、吃稀飯，也從不會翻身，到會站會走。證實早期介入、透過早期療育能幫助孩子及其家庭，亦能降低社會成本。

每個特殊孩子有各自的學習目標，在早療中心接受訓練的時間也各自不同，到了上

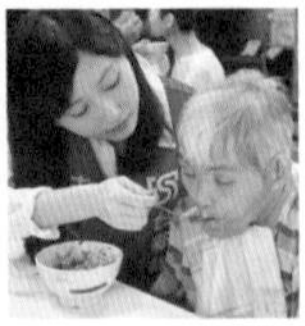

幼安除了有教養院、社區家園、庇護工場等完整的服務架構，還引進非洲鼓教學，讓孩子們在音樂中更有自信，也更快樂。

國小的年紀，勢必要銜接一般教育，但是基於人力、設備的囿限，需要特教的孩子時常被學校拒絕，要求家長在家自行教育。林勤妹感慨：「我們是巴不得孩子趕快學會走路，好不容易會走了，竟然有人為了方便管理安排而讓孩子坐回輪椅，這種態度真令人不敢苟同。」

有新住民媽媽為了腦麻的孩子被妯娌鄙棄，孩子九個月大時送到幼安接受訓練。她每天帶孩子坐火車到後龍火車站搭接送專車，也慢慢學會騎摩托車、開車。孩子六歲轉到國小時，已經可以不用使用助行器就能自行走路了。「早療中心一年要補助三百多萬，可是我們沒有放棄。有特教栽培就有機會，加上家長配合引導，孩子經過密集刺激，能力就能慢慢地發展出來，未來將會減輕很多困難。」

遊藝中重拾生命色彩

位於山林間的幼安具備很多大自然的多樣性，只要留心觀察，便能在蓊鬱間辨別出細膩的表情，而那股懾人心魄的美，乃是因為同中有異。此刻立於庭院的陽光非洲鼓樂團亦是如此，大家統一穿上鮮豔的桃色院服，男孩搭配紫丁香色三角領巾，女孩則繫著粉紅色蝴蝶頭帶，旋律一下，前排打鼓，後排搖沙鈴，童話般的畫面儼如音樂盒的發條娃娃，每個人都專注地演奏，沉浸在最純粹的歡愉之中，但收尾並非戛然而止，而是精神抖擻地呼喊並高舉雙手，以高漲士氣振奮全場。

非洲鼓是一種古老的手鼓樂器，在各式慶典或儀式中演奏。領導樂團的鄭振炫擁有超過三十年的鼓手資歷，最初因帶音樂班到幼安表演而結緣，在院方支持下，十一年來固定每周四到院授課，超長期的合作打破他過往的教學紀錄。

鄭振炫說：「鼓很熱鬧好玩，小孩子看到都會想學。用手拍是肌肉記憶，不像爵士鼓需要聯合肢體同時進行不同的規律進行，困難度較高。只要稍微懂點基本入門技巧，任何人都可以輕易上手，從而表現個人風格。亂拍亂打都是發洩情緒、展現自我，可在過程中建立自信。」他觀察身心障礙者思考更單純，演奏不受旁人打擾，「我們雖然比較有福氣，但想太多事情，表演出來的感覺就不一樣。」

有興趣加入者，經鄭振炫評估後劃分為可訓練和遊戲型兩批人馬，目前樂團約有十五至二十位團員。教學時他盡量利用大自然的環境聲音模擬，並搭配適度口訣，例如音量不講大小聲，而是用遠近形容，讓孩子自然而然地想像與展現。「非洲鼓偏中低音，是大地的聲音；沙鈴就像土地長出的草，較為高頻，兩相搭配起來更完整。打鼓也沒什麼，重要的是隨著音樂快樂地打鼓。」

鄭振炫稱讚幼安團隊精神可嘉，種子老師都很認真幫孩子複習，樂團訓練至今已在苗栗建立一定知名度，不僅迎賓，有時受企業與學校之邀也會出外表演，孩子一直在前進中。他將亮眼的成績歸功於眾人的力量，是集結社會資源的共同成果。「受歡迎不是因為是表演專業，自信與快樂才是核心價值。」

非洲鼓每個要價上萬元，聘雇師資與籌辦演出也在在需要經費支持，能讓這一切美好發生，台新銀行公益慈善基金會「您的一票，決定愛的力量」活動挹注了關鍵的力量。

「打鼓很療癒，孩子們打鼓的表情都好滿足，煩悶時我偶爾也會進去打。」林勤妹哈哈大笑，她剛剛還站在角落俏皮地拍打邦哥鼓。她回憶，最初是友好機構請求幫忙投票，才知道台新銀行公益慈善基金會舉辦「您的一票，決定愛的力量」活動，可惜當時已來不及報名了。之後在積極主動搜尋資訊後，幼安教養院於二〇一一、二〇一二年連續提出「愛鼓動心樂章」企劃。林勤妹笑著說一開始大家傻呼呼的，只知道土法煉鋼地前進超商等人潮聚集地促票，後來透過機構彼此策略結盟，才開始以最高效率大量募票。之後他們將募款經費用於服裝製作、購置樂器、聘雇師資，以及辦理戶外教學、才藝展演與成果發表上。

林勤妹說，有積極的唐寶寶自願當非洲鼓小老師，因為有優越感，若沒有指派他會低落一整天，甚至不跟老師說話；表演後回家會咿咿呀呀地跟爸爸分享，喜歡舞台，也喜歡被鼓勵、讚美。九年來幼安帶著陽光非洲鼓樂團到社區公園、老人院、日間照顧據點等單位表演，同時感謝很多企業提供表演機會，讓孩子站在舞台上知道自己的能力、獲得成就感，所獎勵的紅包最後都回饋給孩子買禮物、吃簡餐，大家皆大歡喜。社會大眾看到孩子參與非洲鼓樂團後的能力成長與歡愉情緒，也更能肯定幼安的付出具實際效力，透過台新激發的非洲鼓教學專案，以及所分享的主動出擊概念與影片行銷技術⋯⋯等，皆能有效傳遞正面宣傳，達到事半功倍的效果。

◆◆◆

「身障者跨出的每一小步都是很大的一步，即使很困難，在夥伴的幫忙下，其實都可以做到，活出精采的生活。」

◆◆◆

非洲鼓樂團成員每個人背後都有故事，有孩子因母親智能障礙，小時候由外公外婆照顧，外公過世後，七歲的他被帶到幼安接受特教訓練，經過生活自理能力養成後開始進入幼安烘焙坊進行職業培訓。而工作態度養成後媒合到外面職場工作，雖然每個月賺不到新台幣八千元薪水，但有五千元拿給外婆照顧媽媽。另外如吳家，爸爸是漸凍人，媽媽與三個孩子都是智能障礙，是弱勢中的弱勢。唯一有能力進到烘焙坊的孩子，成為家中的經濟支柱。他們都讓林勤妹大讚了不起！

幼安經營的苗栗縣身心障礙者社區日間作業設施名為「幼愛工坊」，以烘焙坊、手工皂製作及生態農場等培訓技能，每次外出販售公益商品都是社區適應的機會，此外也將所得提撥獎勵金回饋給孩子，鼓勵有努力就會有收入。一九九七年創立的歡喜兒咖啡屋（烘焙坊），是苗栗縣內第一所成年身心障礙者庇護工場；而農場也是老創辦人留下的地，種植有機蔬菜供團體收購，形狀不符需求的辣椒則由廚房阿姨煮成辣椒醬義賣，致力支持機構自給自足。

林勤妹說，幼安的食品採用在地食材，真材實料，沒有化學添加物，並強調少油鹽糖，符合現代養生趨勢。例如母親節蛋糕使用在地芋頭，端午節包客家月桃粽，中秋節推出美味不甜膩的客家綠豆椪禮盒，另外還有客家菜包和杏仁餅乾。許多消費者

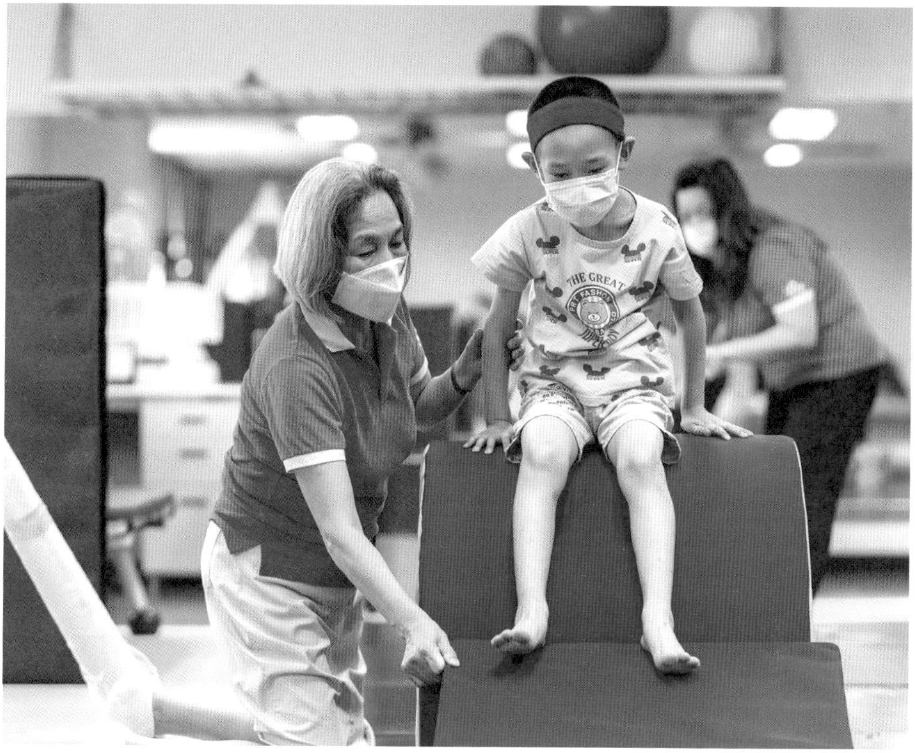

這裡的孩子跨出的一小
步，都是很大的一步。

看到孩子用心製作，好吃就回流訂購。台新二十周年及二十五周年也邀請幼安至園遊會擺攤，並協助轉介至 17Life 團購網站推廣商品。有了台新提供產品銷售與宣傳品牌的平台，不僅能獲得實質利潤，更能進一步增加亮相機會，廣結善緣，增加未來培力機構的種子。

說起幼安，台新銀行公益慈善基金會彭筱瑜提及，在幼安辦志工活動時，台新志工，特別對逃生梯印象深刻，因為這種具有設計感的迴旋狀逃生梯，兩側具有護欄，且兼具美觀與實用性，在台灣社福機構中是十分少見的安全建築，可以在遇有危險時，快速的疏散各樓層院生。此外，台新二〇一一年也曾邀請幼安的非洲鼓團隊至成果展表演，給與院生表演機會。彭筱瑜也認為幼安的商品好吃又衛生、不含防腐劑，且具客家特色，透過每次志工訪視的機會都能發現許多社福團體自製具有發展為團購潛力的商品，又能幫助社福團體獲得經費，十分樂見幼安能不斷創新，努力開發財源。

◆◆◆

幼安標榜「乾淨」，其意義不單指具體的環境與儀容整潔，更指的是抽象的心靈層面，期望透過藝術治療與園藝治療，在專注的創作過程整理、抒發內在經驗。因此在「您的一票」平台，二〇一五年提出綜合輔療活動、二〇一六年的藝術治療計畫，均獲得台新經費支持推動。

教保組長朱傳茹是台中豐原人，她在幼安工作十一年，每天坐火車通勤，她認為最有成就感的事是看到孩子的笑容。這天她穿著吊帶褲、綁雙馬尾，親切地介紹教室牆面黏貼的畫作。「這是小金（化名）的專區，他在早上休閒時間畫畫，會依據自己的情緒配色。」小金過去使用的色彩較灰暗，在老師的引導下，懂得如何分享自己的內心世界，也樂於打招呼。心情變開朗，色澤也隨之繽紛起來。

作畫不一定在紙上，老師也會在庭院鋪布讓孩子光手赤腳地踩畫，一旁設有洗腳池可以隨時清潔。另外也會就地取材，讓孩子撿樹葉、樹枝，自己選擇不同媒材拼湊成一幅畫，盡情嘗試不同的感官刺激與創意發揮。時常有孩子在上完課後，會主動報名下次的藝術治療。

令林勤妹最難忘的是一次沙畫課，有孩子刻畫過世的爸媽和舊家情景，「我問是不是想念爸媽，他點頭。」她瞬間鼻酸，但還是繼續強調藝術治療是整理情緒和記憶的機會，「孩子心裡埋藏很多印象和想法，只是不會講。如果我們能藉由專業，協助喚回珍貴的記憶，可能就是滿足他們一輩子的寶藏。」

◆◆◆

對孩子視如己出的幼安團隊，近幾年來認真籌辦環島圓夢計畫，二〇一九年首次率隊坐飛機到澎湖玩，所有行程都跟孩子一起討論，出遠門也不只是休閒玩樂，更安排淨灘附加教育意義。他們為過程拍攝影像紀錄，並在每個定點錄製逗趣的揮手影片。一群人在吃澎湖花枝丸、仙人掌冰時與院長媽媽視訊，還遇到熱情的台東民眾邀請大家至鹿野搭熱氣球，讓眾人滿載而歸。

這次澎湖行，有父親擔心其重度自閉症的孩子會影響行程，在最後幾天打退堂鼓，幸好被幼安團隊勸進，回程時這名爸爸說：「這輩子只帶他出去過這一次，還好有勇敢面對。」環島時，幼安師生坐遍各種交通工具深入後山的遊覽風景名勝，也有孩子二十四年首次回花蓮老家。

「我很喜歡去抱抱孩子，因為很少人去抱他們。有事情都可以找院長媽媽傾訴，我會聽他說什麼。過年過節也會帶沒有家的孩子回家過年，買新衣、包紅包，那都是我做得到的。有家的感覺很重要！」林勤妹說道。

能夠捨得，即是富有

幼安教養院從服務一位身心障礙者、一位發展遲緩兒童、一位失能長輩老人及其家庭開始，二十七年來服務的需要被照顧與弱勢家庭對象累計兩萬六千一百零九位，致力讓服務對象有尊嚴地生活，改善社會問題。林勤妹強調，幼安有優秀的服務品質並非資金寬裕，院內有七十位孩子沒有家人，每年至少需要募三千萬經費才能彌補缺口。但是經營團隊「捨得」將錢花在刀口上，大家對環境、設備也都非常珍惜維護，加上社會各界的情義相挺，如二〇一四年台新媒合天使團國紹泌尿科學教育基金會，協助更換院內LED燈管。此外也連結知名媒體為幼安做專文報導。

為解決身障者老化，與社區老人失能照顧問題，幼安的下一步是創新辦理全國第一個憨老共融福祉園，計畫提供老化中重度身心礙者全日型照顧、社區中重度失能老人日間照顧服務、烘焙坊庇護工場、早療課後安親，並規劃親子工作坊供社區兒童與民眾使用。目前已有財團法人苗栗縣私立蘭平幼兒園林世芳董事長慨捐苗栗市火車站附近三百坪土地，仍需努力籌措經費，故打出「一磚一瓦助幼安，千人愛心萬人守護」口號，希望幫助老寶貝有尊嚴地走完人生終站，身障父母再也不用為身障孩子走得牽腸掛肚。

帶領幼安跨越近三十載，林勤妹從少婦闖到一頭花白，她感念公公臨終前給予的肯定：「老創辦人說，王家終於做對一件事情，而且是有意義的事。每個階段都是挑戰，不管碰到什麼問題，一定要堅持！」生命就是尊重和賦予希望，林勤妹感謝台新銀行公益慈善基金會開闢「您的一票，決定愛的力量」平台，從協力前進超商催票，到與其他機構結盟促票，給予弱小機構資源連結，和刺激新學習。晉升為畢業團體天使團後，仍持續透過網路視訊或實體課程，傳授拍微電影的技術、寫提案計畫的技巧，並大方回饋改善途徑。

「非常感謝吳東亮董事長與台新志工在有形無形中幫忙，連結媒體資源讓更多人認識幼安。也期盼社會大眾多一分關愛和包容，有能力不忘拉拔提攜弱勢。」

幼安創辦人王石山期待所有身障者一定都要坐起來，因為臥床只能盯著天花板，挺立上身視野才能看得更遼闊，進而激發心中醞釀理想與動能。祝願所有孩子果敢挺進每一個明天。●

善的迴響

一、「愛的力量」平台對於您個人和機構有哪些關鍵性影響？

感謝台新「愛的力量」平台幫助幼安教養院調整機構體質、增加曝光率，以及建構交通車與藝術治療輔具資源。雖然我們已是畢業生，依然能持續感受到來自台新的無限祝福與愛的關懷。

1. **主動出擊**：資源不會憑空而來，唯有勇於表達，且清楚介紹自己服務的單位、活動的目的以及各種協助管道，才能讓大家在認識幼安、賦予認同感後，提供直接有效的幫助。
2. **團結一致**：從管理者到第一線工作人員都要學習如何向社會大眾、企業、學校等單位介紹自己，不分位階與你我，增進團體凝聚力。
3. **多元行銷曝光**：突破舊有社福觀念，了解曝光的重要性。機構的任務不單是照顧好服務對象，更要學習多元的行銷手法，透過官網、Facebook、影片等內容經營讓社會大眾認識機構，積極把握曝光的機會。
4. **專業能力成長**：台新不會因機構畢業就不支持，後續還是提供很多學習與活動參與機會，例如可以報名各式各樣的課程與工作坊，題材非常豐富，也都很符合現況需求，如故事撰寫、媒體曝光、手機微節目製作……等。
5. **善用科技公益**：機構有許多的故事，藉由故事行銷的力量，讓故事説得清楚、讓人有感，並透過網路行銷或群眾募資平台，讓更多的社會大眾認識。

二、晉升畢業團體後是否透過「愛的力量」平台所學，有自發性的創造或改變？

1. 找到機構的重點特色。台新策劃各式各樣的培力課程，教導機構製作簡報與影片，並強化亮點、改善風格，力求明確表達機構的訴求，更能抓住大眾的目光。
2. 彙整幼安的經營成果。蒐集過去努力的經驗、服務對象案例，並彙編為故事，不僅有利傳承專業經驗，也能豐富行銷素材資料庫。

年度	獲獎組別	提案名稱
2011	社會福利二十五萬元組	愛鼓動心樂章
2012	社會福利二十五萬元組	愛鼓動心樂章－幼安非洲鼓才藝展演
2013	社會福利二十五萬元組	幼兒偏鄉弱勢早期介入行動專車募車計畫
2015	社會福利十萬元組	給憨兒一個機會－綜合輔療活動
2016	社會福利十萬元組	「藝」起助幼安，藝術治療計畫

苗栗縣私立
幼安教養院

孩子的心境也是如此，
不要趕我，
讓我有機會，
有天就會到達終點。

苗栗縣私立幼安教養院 ***林勤妹***

台灣星奇兒創藝協會

陳穎君理事長
藝術導航了發亮的群星

「台灣星奇兒創藝協會」是台灣第一支由自閉症孩子組成的設計團隊。曾為「台新銀行公益慈善基金會」所舉辦的第八屆「您的一票，決定愛的力量」設計主視覺星奇哥、星奇妹，創下第一個委託社福團體創作為主視覺的案例，更與國際音樂家合作《小星星變奏曲》繪本，貢獻公益。

如同螢火蟲在黑夜中發光

每種生物都有自己溝通的方式，為吸引同類的注意，所有螢火蟲都只在夜晚發光。

◆◆◆

「我從小對大自然特別有感應，鳥鳴、松濤及樹葉飛舞的姿態，好像都在對著我說話。」陳穎君把視線投在大稻埕的藍天淡淡地說。當時的她並不知道，這份與生俱來的細膩與無邊想像力，日後也釋放了更多不一樣的孩子。

陳穎君出身教育世家，畢業自實踐家專（實踐大學前身）應用美術科，之前她擔任美國加菲貓國際授權亞洲文具禮品設計部經理，婚後育有二子，為了更全面地陪伴孩子成長，在大兒子入學後到台北市仁愛國小應徵代理老師，這也是她首次接觸特殊教育。只是第一天走進教室她一臉愕然，因為所有門窗都被孩子關得密不通風。這究竟是怎麼一回事？

自閉症又稱孤獨症，社交障礙與自我封閉傾向使患者彷彿孤懸在外太空的星球，所以有「星兒」之稱。不過自閉兒真的完全無法溝通嗎？身為設計師的她持保留態度，決定發揮實驗精神用設計解決問題。「我學藝術，喜歡做各種奇怪的嘗試。一般老師儀容比較中規中矩，但我會故意戴個大耳環或忽然戴一頂長假髮去上課，等到學生發現不對勁後，全部的人都笑翻了！」

眼前的她已經五十多歲了，依然像個小女孩紮了兩條麻花辮塞進畫家帽裡，全身穿

陳穎君用帶領設計師
的方式磨練星奇兒，
並媒合進入不同場域
中學習。

戴水藍色系，整個人彷彿是從動漫異次元跨界過來。另類的打扮是設計人的特立獨行，是為人師的童心未泯，更是她吸引自閉兒目光的密技。「我研究的結論是：自閉兒怎麼會不看人？而是看是否有新奇的東西。」

麻辣鮮師一年後決定離開校園尋求其他挑戰，有家長知道後著急得不得了，先是請求校長慰留，後來直接打電話邀請她擔任家庭教師。星奇兒團隊的第一個成員黃迺翔就是如此出場，他在小學一年級診斷出重度自閉症，當年就是他把教室門窗全部關緊緊的。同時期，陳穎君三歲的小兒子陳弈宏剛進幼稚園，在老師通報「小孩怪怪的」後也檢查出自閉症。

「想必是老天爺的恩典，先給了我訊息，才告知我自己的小孩也是。有些家長聽到老師的懷疑會生氣，還好我帶過資源班，警覺性比較高。當時我不覺得自閉症很嚴重，覺得應該有解答。黃迺翔跟我的小孩差五歲，我把所有實驗放在他身上試，從小一路栽培到成人，一般特教老師無法看到這麼完整的發展脈絡。」

黃迺翔稱呼陳老師帶領的自閉兒為「胖貓團」，為每一位星兒命名，做學校的畢業專題製作，也就是台灣星奇兒創藝協會的前身，協會成立後第一個教導的孩子黃迺翔為團長，小兒子陳弈宏為副團長。誰能料到，昔時兩個被診斷出智能障礙的自閉兒，在二十年後竟都搖身一變成為大學生、碩士生，又是考取證照，又是出國當交換生，跌破一大票專家、師長的眼鏡。

難不成陳穎君真是神仙教母？

用勇氣走入人群，用設計激活社區

星奇兒手拉著手，在古色古香的大稻埕街道牽出一條人龍。凝聚成群體時，他們就像神聖發光的星座，不再是忽明忽滅的孤星。

陳穎君帶領團隊從星奇兒的文創實習辦公室出發，一路漫步至展演基地場勘、欣賞藝術品。一位看顧星兒的阿嬤始終皺著眉頭，不時出手揪住她那只顧照相、不認真看路的孫子，而俊俏的青年總是相機不離手，熱切地拍攝周遭人事物，他拍自己的畫、拍團員授獎，也拍藝文展覽，雙眼銳利如鷹，熱切地找尋目標。如果他習慣用鏡頭複製與複習世界，那麼在觀看與被觀看之間，是否也希望透過影像表達自我的形象與意志，讓自己進一步被認識，就像我們每天在社群平台發文一樣？

大夥兒逛完三層樓的展廳後，陳穎君向眾人吆喝：「展覽就是這樣都知道了嗎？誰要打頭陣第一個在這裡開個展？」她反覆問了兩、三次，連不是星兒的人都羞怯地閃避眼神，只有團長後來大方地舉手解救僵局。

有時候表現的機會只缺一個自願的勇氣，然而同儕壓力與挫敗的成長經驗卻叫人卻步不前，疑慮社會會訕笑自己不夠格、不可能、做不到。因此陳穎君的教育理念不只訓練星兒簡單的生活自理，更要求孩子走出家庭、進入社區，以藝術作為媒介與人接觸、教學傳承，讓星兒在人際互動過程中累積作品與自信，同時不忘回饋社會，創造共好。

陳穎君

「台灣星奇兒創藝協會」理事長，噶瑪蘭族名「莪蘭」，畢業自實踐家專（實踐大學前身）應用美術科。早期以「胖貓團」為名，透過特教新思維加法教育培養大有可為的星兒，並致力幫助弱勢族群關懷社區。2019 年榮獲第一屆亞太華人之光熱心公益獎。

不同於亞斯伯格症的高功能，星奇兒是重度、中度、輕度不同障礙類的自閉症患者，陳弈宏特別為媽媽領導的團隊添加一個「奇」字，強調埋藏潛力且大有可為。自閉症孩子多有語言和溝通障礙，缺乏社交應對能力，表現出固定的習慣、狹窄而特殊的興趣，例如長時間盯著旋轉的風扇、喜歡轉動的輪子，諸如此類固執行為適合從美術、體育與音樂等技藝訓練切入，在智力開發外，培養出良好慣性與特殊長才。

作為台灣第一支以自閉症孩子為主的創意團隊，擔任「台灣星奇兒創藝協會」理事長的陳穎君也是目前唯一的教師，她強調藝術是自然而然的，人與生俱來就有繪畫的本能，她用帶領設計師的方法磨練星奇兒，首先訓練孩子畫幾何圖形，再為喜歡的圖形做變化，嘗試用自己的模式組合設計元素，並媒合進入不同場域中學習。

團隊雛形最初是陳穎君與陳弈宏母子二人組，二〇一二年她接下宜蘭縣頭城鎮公所的《頭圍上河圖》標案，該系列以農民曆節氣做分類，從人文歷史、設計創意及旅遊角度發掘「開蘭第一城」。兩年來，她帶著兒子深入地方拜訪耆老，蒐羅當地市井小民、傳統慶典與美味小吃的故事，二〇一四年出版系列《石港春帆夢、頭圍上河圖》精裝套書。

星兒畫畫時利用慣性磨練重複、連續不間斷的圖形及衍伸變化，星奇兒將這種筆法轉化為針筆創作的青花纏繞手法，作品如二〇一六年與中華小丑協會合作，打造國際小丑文創節視覺。在台新銀行文化藝術基金會董事長鄭家鐘引薦下，二〇一六年星奇兒參加文化部文創之星的競賽海選入圍，成為資策會 IMATCH 之友。資策會文化內容組組長羅慧如表示，陳穎君帶領星奇兒以宜蘭頭城為主題作畫，入選後她全勤參與輔導課程，態度勤奮積極，且口條極佳。在市場機會媒合下，促成與夢田文創的團隊合作「一把青X星奇兒創作展」，團隊從觀賞眷村戲劇《一把青》與探訪四四南村老兵激發靈感，創作線條繁複的野馬戰機、軍帽、旗袍等作品，榮獲二〇一六年文化部華山小客廳徵選成功。

這群孩子自助也助人，星奇兒將繪畫長才轉為友善社區的教學課程，例如：二〇一六年參與頭城大里國小偏鄉服務，二〇一七年蘭陽技術學院文創學堂入班幫助資源班的孩子，二〇一七年星奇兒宜蘭幸福轉運站國際身心障礙日送幸福活動，協助宜蘭縣資源班及社福團體藝術創作，以及二〇一九年參與台北市大安區新民炤社區發展協會獨居老人送餐服務，並提供銀髮族身心靈藝術教學課程。

耕耘地方文史同步活化社區的範例，則首推二〇一五~二〇一七年連續舉辦的「頭城慶元宵孩子龍活動」。陳穎君考察頭城老街從前林立礙子（輸電系統上的絕緣體裝置）工廠，在電線桿逐漸地下化後，礙子沒落成夕陽產業，工廠也淪為一座廢墟。為保留城市記憶，並替當地耆老重溫舊日過年氛圍，她特地找在地藝術家開模製作，在二〇一六年榮獲第七屆台新銀行公益慈善基金會「您的一票，決定愛的力量」實踐家文創社企獎，讓星奇兒及社福團體彩繪二百個「星奇龍愛子燈籠」，並組成喜氣洋洋的舞龍隊伍歡天喜地鬧元宵。連續三年舉辦頭城耆老孩子龍、星奇龍九小龍、大里龍傳遞幸福踩街活動，有聲有色的執行成果。二〇一七年榮獲第八屆「您的一票，決定愛的力量」實踐家文創社企獎，並將公益基金運用在星奇龍繪本出版。

星奇兒同時也受委託為第八屆「您的一票，決定愛的力量」設計主視覺，展現自閉

星兒畫畫時習慣重複、
連續不間斷的圖形，
他們便將這種筆法轉
化為針筆創作的青花
纏繞手法。

兒的真實力。陳穎君說：「我們和坊間設計公司一樣，提供兩版設計，一個是如同星星閃爍發光的螢火蟲，一個是象徵智慧的貓頭鷹，後來是螢火蟲雀屏中選，依此訂立的主題為『小小微光、點亮台灣』。」以火金姑為原型的「星奇哥」、「星奇妹」也被印製在星奇兒創藝協會的會服上，協會 Logo 則以七彩花，象徵多元與活力。

才華不可限量的星奇兒從家庭走入社區，又銳不可擋地躍上世界舞台，二〇一九年與來自日本、法國、匈牙利、比利時等國的音樂家與大學交響樂團合作《小星星變奏曲國際公益繪本》，其中不乏日本小提琴家成田達輝（Tatsuki Narita）與法籍台灣鋼琴家李昀陽等名家，內容結合圖文與相對應的音樂，描述星奇兒到偏鄉服務耆老與找回消失的節慶活動。為感謝音樂家無償合作，星奇兒特別致贈法國與日本自閉症協會各五十本繪本以表心意，陳穎君也憑此獲頒第一屆亞洲華人之光熱心公益獎。

「通常社福團體的創作以隨性塗鴉寫生居多，我們強調精緻創意設計，所以有機會獲得國際級音樂家青睞。」回想與成田達輝的合作，陳穎君褒揚小提琴家做事細心嚴謹，請求先將故事翻譯成日文，在了解劇情與畫面後再據以發想樂曲。「不會日文沒關係，我兒子用背的！他將日文的星奇兒介紹稿背誦給成田達輝聽，背完後大家都很疑惑到底他聽懂了沒？還好成田達輝點點頭說聽懂。」她引以為傲地燦爛微笑。

既然是國際規格，新書發表會的場地與設備自然不容馬虎，但龐大的承租經費也讓一般小型社福團體吃不消，幸好一路支持的台新銀行公益慈善基金會提供台新金控大樓場地資源與史坦威名琴，並有專人列表追蹤進度與細節，組織化的合作促成活動圓滿完成。

「照顧……這樣的孩子很辛苦吧？」

那天大稻埕展覽參訪結束後，大樓警衛熱情地與陳穎君打招呼，但笑容底下的造句遣詞顯得小心翼翼，生怕失言冒犯，而陳穎君只是微笑點頭示意，不多做解釋。

星奇兒交出一張張漂亮的成績單，無疑給予自閉症家庭強力鼓舞，不過至今與社會各界的互動，依然在尋求雙方都自在的平衡點。星兒持續學習溝通表達，大眾也在學習如何交流，當孤獨之星投射目光時，你也準備好凝視、傾聽與對話了嗎？

◆◆◆

累積自信，擁抱自我認同

若說初學者是白紙，那麼星兒就像紙捲，得先花費一番功夫穩固基礎。自閉兒每一個成長訓練都是以年為計算單位才能看到成果，這種十年磨一劍的概念與工藝家、藝術家、體育家如出一轍，因此陳穎君強調延長星奇兒的學習時間，實施加法教育，不斷給予刺激，而台灣多元的族群文化即潛藏了眾多寶貴的教學資源。

以發音為例，有些孩子有構音異常問題，如話說得太快或發音不準，矯正時可透過抬高頭低頭、變化肌肉鬆緊度，口腔四周肌肉收放等方法練習不同發音位置，將人體視為共鳴的樂器。不過隨著老師的經驗與孩子的身體狀態不同，這種理論難以透過一般特殊教育有效貫徹。不設限的陳穎君於是想出結合練習台灣原住民傳統歌舞，讓星兒在趣味學習中改善發音與肢體靈活度並接觸文化。

◆◆◆

根據衛生福利部的統計資料，台灣自閉症人口數在二〇一九年底共有一萬五千一百六十人。然而日常生活中，我們卻鮮少發現星兒的身影，因為許多家長選擇將星兒安養在家中並隱藏身份，即使是發表作品、表彰優異事蹟，社福界為保護成員，通常也採取匿名標示。陳穎君體諒地說，家有自閉兒對家庭的情緒衝擊甚大，有些人需要花一輩子調適，願意帶孩子站出來融入社會者少之又少，她推廣的特教新思維希望要用正向價值扭轉世俗作法。

「星奇兒是大有可為的星兒，我們完全不需要打馬賽克！《小星星變奏曲》繪本裡介紹的十二個孩子都屬於智能不足，即智商臨界或不足七十，但我們說服家長都用全名，希望作為教養星兒的借鏡，讓更多家長參考心路歷程。」

這份鐵打的意志並非天生堅韌過人，照顧星兒與教養不易，常見單親、隔代教養與直系血親拋棄的問題。陳穎君也不例外，她在三十六歲時成為單親媽媽，也曾跌落谷底、孤立無援，是母性給了她自己和兩個兒子浴火重生的動力。

「九二一大地震也震出我的婚姻危機，我毅然選擇結束。除了得面對孩子的問題，我還得面對自己的嚴重憂鬱症。那年剛好是張國榮跳樓自殺，當時我深刻體會什麼叫生不如死。醫生告訴我，如果我沒辦法紓解身心，可能再活不過三年。那孩子還那麼小該

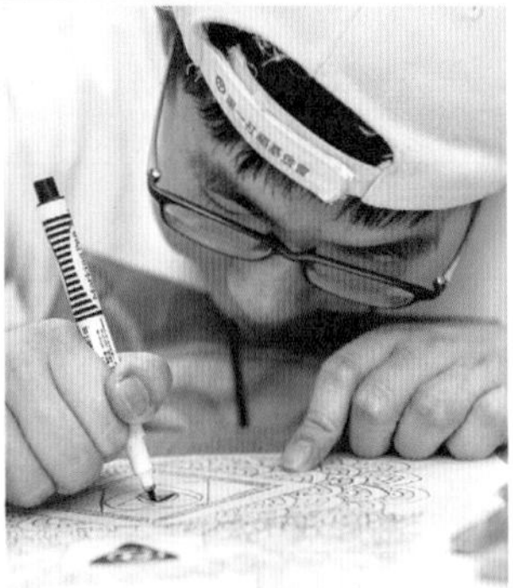

只要給星奇兒舞台，
他們就能夠發光。

怎麼辦？我驚醒必須勇敢，老大才小學三年級，更別提自閉症弟弟，如果連親人都不願意接納，社會上有誰願意？只有把他訓練起來變成正常人，才不會再有人嫌棄他。」

正因為自己曾深深受苦，陳穎君決定以過來人姿態幫助自閉症家庭。二〇一四年星奇兒受邀成為台新天使團，在台新銀行公益慈善基金會督促輔導下組成協會。

「我希望別人不要再走辛苦的路，孩子的人生也才能夠正常受到大家的尊重，不會再有人被拋棄。」

◆◆◆

陳弈宏六歲入學，他第一次考試拿了十八分，媽媽大讚好棒！他半信半疑：「真的很棒嗎？」陳穎君事後笑嘻嘻地說：「對！因為沒有考零分。」之後她設法教兒子背書練單字，直到考回一百分，小男孩才搞清楚原來滿分才是最好的成績。

孩子的能力優劣，端看教養者的信心與積極態度，星奇兒每年定期到人口老化的社區與偏鄉教導老人與孩子彩繪，一開始也被質疑設計與教學能力，連貢獻也常被誤解或不被接納，例如去養老院捐款時，曾被修女誤會是來募款；甚至連社福團體之間的教學合作，也常遇到消極的機構或家長而被婉拒。

「被拒絕我們也很挫敗，社福團體習慣吃魚排斥拿釣竿，而這些孩子都需要嘗到甜美的果子才會有自信。我們希望孩子不是過平靜無望的日子，而是有所刺激，自閉的孩子被藏在家裡，會扼殺他們發展的可能性。」

陳弈宏小時候常流口水、跌倒，很少講話，看著窗子兩、三個小時文風不動，且完全無法閱讀，三歲檢查出自閉症，醫生判定只能安養一生。雖挨了一記重拳，陳穎君馬上陪伴孩子展開早期療育。除了智力潛能開發，她額外設計大量教材誘發孩子的興趣，自製課程補足學校的不足。這群「胖貓團」裡有電腦貓、功夫貓、拼圖貓、塗鴉貓及百科貓等名號，即是針對星奇兒的興趣取綽號。她以教養星兒為志業，用加法教育培養正向樂趣相互成長，而不是單方面耗損能量。

團長黃迺翔是「電腦貓」，小時候被診斷出重度自閉症，完全不會說話，二〇一七年從中國文化大學數位媒體系畢業後，赴真理大學就讀觀光研究所攻讀碩士班，擁有丙級電腦技術士證照，專長是電腦繪圖設計與影片製作，是星奇兒的電腦與美術小老師。

副團長陳弈宏是「功夫貓」，他善用資源讀了五所大學，包括空中大學日文社、原民社，文山社區大學西洋古典音樂課、甘肅省西北師範大學、中國文化大學數位媒體系及新北市部落大學等，擁有英文級段鑑定、少林武術專長，是星奇兒的英文、武術及美術小老師。

「別人是從輕度往下走，我們是從重症往上爬。許多人認為孩子做不到就一直刪減學習、簡化訓練，但每次合作我都驚嘆這些孩子真的很會畫，為什麼不加以訓練，而只是安養而已？這是我們很納悶的事情，如果這些孩子有幸被栽培成設計師，我相信能進一步開發大腦。但如果沒有人拉拔，他就會鎖在自己的世界裡逐漸退化，到了社福機構、小作所或安養院，就更難有機會再回歸社會。」

不健全的種子切莫再落入貧瘠的土壤，她的加法教育必須搭配延畢與留級機制，用時間補足養份，也推薦社區大學與空中大學等管道延續學習。

「我們目前在爭取國小義務教育可以申請留級，只要給星兒機會重複學習，打好基礎絕對可以慢慢升上去。基礎沒學懂升上去一樣不懂，若只在特教班學生活自理，缺少思考刺激，眼神會越來越呆滯、腦筋越來越遲鈍。我們堅定地說，大學教育使身心障礙孩子脫離特殊教育，我們已證明爭取正常受教權是一條可行的新道路，我們必能關關難過關關過！」

克服歧視，讓經歷點燃人生

「協會的家長知道我要把孩子送去甘肅省當交換學生時，每個人都說我瘋了！甘肅那麼遠、那麼冷耶！」沒有人能理解怎會這樣訓練自閉兒，陳穎君喜孜孜地說：「後來大家不得不佩服我做的決定是對的，功夫貓的人生從此大逆轉！」

讓星兒跨海當交換學生當然不是容易的事，就算家長膽識過人，校方也不見得放心推派。大陸參訪「學校都用『需要有特殊專長』來拒絕我們參加，功夫貓從小練少林武術，練了十幾年，有次河南少林寺參訪，這下子總不能拒絕我們了吧？」參訪期間功夫貓表現良好，第二次有交換生機會，陳弈宏就順利爭取到公費生的資格。

超級媽媽為鍛鍊兒子健全的身心發展，說是讓他練就十八般武藝真的一點也不誇張。陳穎君在台北市安和路經營畫畫教室，陳弈宏從幼稚園就開始接觸美術，又因小時候平衡感不佳、經常摔跤，嘗試鞋子反穿、穿矯正鞋，與上感覺統合課程也不見效果，還搞得連左右腳都分不清楚。既然求醫無門，她決定將所有訓練都轉換成體育活動，生活才漸漸亮起曙光。

「我是單親媽媽，希望孩子有類似父親的角色可以學習，所以特別挑選正向的師父。他原本有內八、一隻腳歪斜，且骨盆不正，練武術後每天拉筋，走路就慢慢正了。原本眼科醫師建議是用電腦程式糾正發育較慢的眼睛，我越想越不對改換成打乒乓球後也有明顯進步。呼籲大家，體育和美術、音樂藝術療癒可以解決很多人生難題。」

陳弈宏的武術啟蒙是亞運金牌國手詹明樹和中國嵩山少林寺武僧團總教練王雷穎，他得過武術表演第一名，曾在文山社大應志遠老師指導下結合西洋古典音樂貝多芬的〈命運交響曲〉第一樂章與少林武功，做中西混搭的拳術表演，而最棒的收穫莫過於建立團隊歸屬感，獲得自信與師徒、師兄弟情誼。

「從小就讓他吃一點甜頭才不會輕視自己，我都跟他說，你就是要跟一般小孩一樣，人家做什麼你就做什麼。沒有特權長大才能融入社會。從小我就告訴他龜兔賽跑勇敢小烏龜的故事，我都沒有告訴他，他怎麼了（病症），而是讓他覺得在玩遊戲。」

◆◆◆

陳穎君曾因孩子被霸凌而流了不少眼淚。曾經有同學把菸塞到陳弈宏口袋，要求幫忙賣，也有人拿木板從背後偷襲。不是從小學武嗎？怎麼不還手？因為陳弈宏謹遵師父教誨：「練武的人要能忍，除非對方威脅到你的生命，不然先不要還手。」

星奇兒需要陪伴，且
樂於參與創造。給他
們機會，他們的發展
會超乎我們的想像。

孩子被欺負從不還手、也從不跟媽媽訴苦，是同學看不下去跑來跟陳穎君告狀才東窗事發。學校開家長檢討說明會時，對方家長惡人先告狀「是妳的小孩有問題！」她氣得拍桌子駁斥：「請問你打人的叫做沒問題嗎？」母子倆當場示範少林武功，「我出手，他啪啪就把我壓在下面，證明陳弈宏有防衛能力，但驚訝的老師卻懷疑自閉兒的防衛能力會對他人造成傷害，反而質問陳弈宏：『你會打人嗎？你會打人嗎？』我一陣心寒這種價值觀正常嗎？好像你是弱勢就不能有保護自己的能力，就活該被欺負……」

那怎麼還敢送他去人生地不熟的甘肅？

二〇一八年陳弈宏赴甘肅西北師範大學當交換生一學期，這次「青年壯遊」對陳弈宏而言是個重要的轉捩點。他一個人到了遙遠的異地，沒有家庭當靠山，才開始學會主動交朋友，也真正了解朋友的定義。而改變的契機不只來自環境逼迫孩子發揮潛能，更來自不同的社會風氣給予不同的機會。

「大陸的自閉兒絕對不可能念到大學，所以他變成特別的資優生，受到大陸特教系老師跟同學的重視，記錄他所有活動，那是在台灣前所未有的待遇及肯定，也因此放大自信心。甘肅人對台灣非常陌生，卻因為我兒子在微信上不斷地介紹台灣，讓他們產生很大的興趣，這兩年來都有同學飛來台灣找他玩。」

星奇兒母子檔彷彿自閉症家庭的一盞明燈，不過他們漂亮的戰績對某些家長而言卻近似神話，認為這種成功難以複製、好運不會發生在我身上，或是自暴自棄地放棄訓練，或是過度保護地用「愛的教育」縱容生病的孩子，而任由自閉症無限上綱的結果，就是釀就更多家庭悲劇。

「大家都認為他們的孩子跟別人不一樣，都是最嚴重的個案。其實自閉症的發展都大同小異，最重要的還是家長如何教養，尤其童年階段的教養更為重要。以我兒子為例，他小時候一有異於常人的行為，馬上就會被我糾正。唯有嚴格的規範才有可能成功扭轉孩子的未來，如果認定他是身心障礙的孩子，因而消極地包容所有異常行為，那就永遠不可能正常。起心動念很重要！」

問及陳弈宏國小、國中階段的自閉症同學，陳穎君又是一陣感慨，有星兒從啟智班畢業後，因為行為問題惡化，時常進出精神病院。也有人上了綜合職能班後被安置在超級市場，簡單負責商品上貨架，可是不到兩年就被新生取代而失業。星兒同學們的際遇深深衝擊陳弈宏，有次他語重心長地說：「媽媽，幸虧有妳，不然我真的不敢想像我的未來。」他也因此更積極進修，努力成為啟發星兒潛能的老師。

◆◆◆

台灣星奇兒創藝協會將星兒推入人群，更積極訓練自閉症種子老師，以個人的心路歷程領導自閉症特殊教育。星奇兒自比為登山的先鋒部隊，綁好布條，後面的人就可以少走一些冤枉路，貢獻社會正向的能量與服務。

自閉兒站了起來，想找機會分享經驗，但前方一關又一關，充滿質疑、偏見與潛規則。有大學星兒服務性社團幹部同學在迎新會就拒絕陳弈宏、黃迺翔入社，批判陳穎君「太高估自閉兒學生」，認為星奇兒沒有能力服務自閉兒，殊不知有誰比星兒更了解星兒呢？

也曾向公部門申請職訓經費，被同為身心障礙的審查委員嘲諷「你們自閉症的孩子有幾個人賺到基本工資？最後還不是家裡蹲。」陳弈宏聞言怒火中燒，他的憤怒不只是為個人被輕視、為母親的努力被抹煞，更是為所有星兒被貶低而氣結。

「我兒子說他就是瞧不起我們，他就是認為我們什麼能力都沒有。我告訴兒子，我們就做給他看，證明是他自己沒有能力訓練，不是你們訓練不起來！」只有不會教的老師，沒有教不會的學生。

學著去愛，相信自己就永遠有機會

不只是自閉兒，敞開心房更是每個人的課題，否則你無法認清自我的恐懼，也看不清、給不出愛。最近陳弈宏開始有了心儀的對象，陳穎君又去學習製作微電影，二〇一九年底完成的微電影《花雨葉—光年之戀》安排陳弈宏擔綱男主角，讓他在揣摩角色心境過程中，學習談戀愛。本片在頭城八角樓拍攝，劇情講述龜將軍化為龜山島守護蘭陽公主的故事，並介紹宜蘭是歌仔戲的發源地，由在地居民參與拍攝，別具推廣文化觀光旅遊意義。

「我是非常開放的媽媽，認為每一個人都有追求完整人生的權利，我的孩子有緣份也可以組家庭。」

一路看著星奇兒不斷挑戰創新，台新銀行文化藝術基金會董事長鄭家鐘是發掘星奇兒的貴人，他對陳穎君敬佩有加，讚賞她結合自己的藝術專長與星奇兒的專注特質，規劃出一套套啟發潛能的美感教育。台新在過程中持續鼓勵星奇兒團隊參與藝術活動、實踐家文教基金會並輔導往社會企業方向邁進。出版《小星星變奏曲》時亦協助媒合允晨文化來協助出版，資策會則提供科技輔導，加入掃 QR CODE 播放音樂功能，未來預計在《小星星變奏曲》增訂版加入擴充實境技術，對星奇兒來說永遠求新求變才能一直保持進步。

二〇一九年星奇兒陳弈宏是系上唯一入選科技部大專學生研究計畫，大學畢業後的下一步，是準備向師範特教系研究所邁進，目標是培養更多星奇兒成為教育推廣的種子老師。

「我們走過這條路，知道真的很艱辛，如果可以讓成功案例被看見，一定可以鼓勵更多的人。人生一定要過得很精采，星奇兒有無限可能，如果把他當成特殊的孩子教養，他就永遠特殊；如果看作一般的孩子，他就永遠有機會、有無限的可能。」陳穎君說道。●

善的迴響

一、「愛的力量」平台對於您個人和機構有哪些關鍵性影響？

經由台新的不斷鼓勵，了解成立協會才能爭取更多資源，並透過組織的力量幫助更多需要幫助的家庭，使眾多美好願景獲得更好的發展機會。

1. **推動協會成立**：為了加入台新的愛的力量平台，我們因此成立協會。
2. **建立制度**：建立協會後，一切都有了進度和目標，日漸上軌道。
3 **社會責任**：感受多了一份社會責任感，體悟協會也有能力推動社會的正向改變。
4. **大力支援**：台新直接提供或幫助媒合的資源與經費，都成為協會前進的力量。
5. **利他互惠**：更了解利他的意義，透過服務將心比心幫助他人，所獲得的幸福感遠大於直接從他人身上獲得利益。

二、是否透過「愛的力量」平台所學，有自發性的創造或改變？

1. 提供很多研習機會，讓我們更懂得宣傳自己、看見自己的長處做整合行銷。
2. 學會製作大型企劃與國際公益接軌，和更多優秀的團體攜手合作，有效實踐一加一大於二的哲理，創造出更多不一樣的火花。

年度	獲獎組別	提案名稱
2016	文創社企—實踐家文創獎	星奇兒藝起做公益—孩子龍公仔文創設計
2017	文創社企—實踐家文創獎	星奇兒《藍天上的星星系列》星奇龍繪本文創

台灣星奇兒
創藝協會

如果把他當成
特殊的孩子教養，
他就永遠特殊；
如果看作一般的孩子，
他就永遠有機會。

台灣星奇兒創藝協會　**陳穎君**

三三吾鄉皂 TRISOAP

創辦人尹又令

建皂希望譜寫傳奇

肇始於二〇一五年台新金控兩岸頂尖學校 CSR 交流活動，當時就讀台大社工三年級的尹又令與學員共同赴台東參訪社福團體。為解決社福單位銷售手工皂的困境，他在參訪後毅然成立社會企業，並以精緻化的產品與形象設計，成功打入高端市場。

創「皂」價值，讓希望摸得到

咕溜咕溜的肥皂有豐富的觸感、細緻的泡沫，有時還有撲鼻的香氣，這種清洗的儀式，有時讓人備感療癒，而簡單的製作方式也吸引不少人要嘗試ＤＩＹ。十餘年來台灣手工皂市場蓬勃發展，各大市集、百貨專櫃到處可見琳瑯滿目的商品，有標榜天然、無添加化學成分，有兼具文化意涵、藝術美感與手作質感，一塊手工皂彷彿乘載了一方水土一方人。

其中在二〇一五年異軍突起的「三三吾鄉皂 TRISOAP」更別具意義，他們串聯在地小農與社區日間作業設施（簡稱：小作所），打破以往社福團體簡陋、苦情之印象，堅定地耕耘精緻化的品牌。誰能想到，帶領這群身心障礙學員走出新氣象的領導者，竟然是一名還沒畢業的社工系學生。

中華民國自閉症基金會北投工坊是三三吾鄉皂合作的小作所之一，老公寓裡靠牆擺了兩、三部跑步機，天花板妝點著天馬行空的畫作，櫃架上則擺滿各式等待包裝的皂絲與皂塊。孩子們有些負責秤重，有些負責裝袋或封口。

「這個要怎麼秤？可以教我嗎？」

聽到尹又令的請求，穿著圍裙的學員眼睛一亮，立刻調整坐姿，並放慢手勢用眼神示意。小小的生產線裡，有勤奮專注的學員，有閒散作業的慢郎中，也有愛跟訪客搭話的好奇寶寶。其實就跟普通上班族一樣，小作所的孩子有自己的興趣和專長，他們會追求成就感，當然也有厭倦、想偷懶的時候，而這些情緒反應其實都受到自我認同的影響。

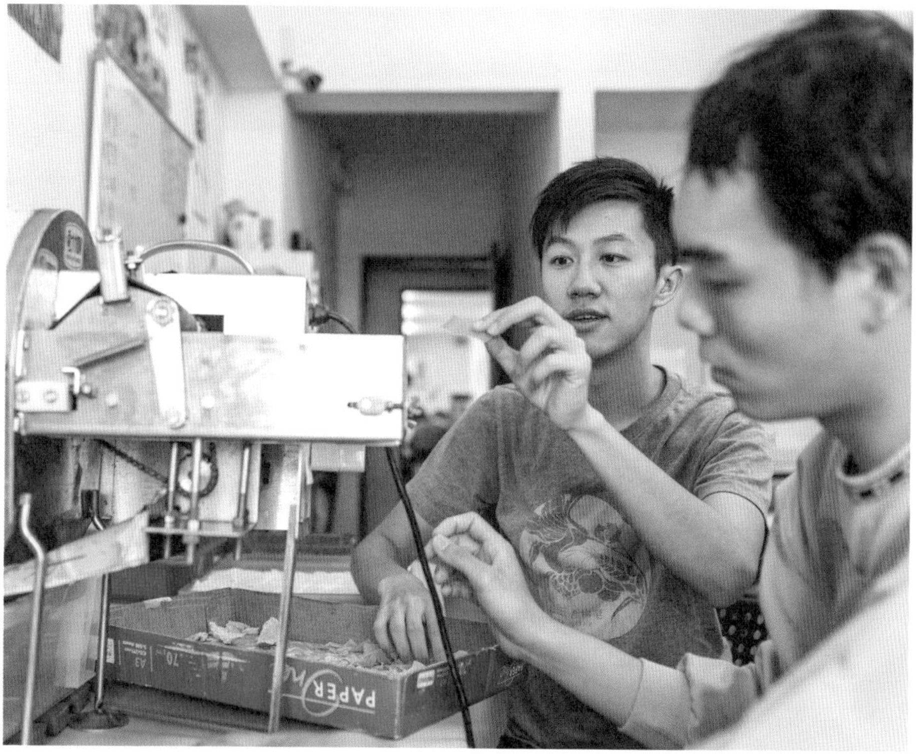

小作所能夠幫助學員
投入工作，持續創造
成就感，對身體和精
神狀態都很有幫助。

「孩子需要走出家裡與其他人互動。」

尹又令舉北投工坊為例，曾有孩子因缺乏口語能力，在表達需求時，要時就敲桌子，不要時就咬自己的手，以致把整隻手都咬得坑坑疤疤。進入工坊訓練表達能力後，某天媽媽來接送時，順手牽起孩子的手，發現孩子的傷口竟然癒合了，也沒有出現新的傷口，瞬間熱淚滑落下來。「孩子的手變得白泡泡、幼綿綿，因為他學會了表達方式，而且投入工作是可以穩定情緒，創造成就感，對學員的身體及精神狀態有很大的幫助。」

「又令，那你現在快樂嗎？」

回憶某次在淡江大學演講，他為這個感性的提問啞然失笑。「創業當然很累，我也有窮到連一千元都領不出來、需要借錢的狀況。但在這個年紀能獲得同儕沒有的經驗，並有能力培力身心障礙學員、改善社會企業體質，我覺得很值得。」

尹又令在大三創業，而且還是充滿實驗性、沒什麼典範可循的社會企業。他既不畏縮，也不自矜，熱切地摸索各界挹注的資源，並親力親為學習每個技術環節。五年來協助超過百位身心障礙學員，並與各縣市在地小農協力研發十六款以上的創新產品，且獲得不少高端客戶的青睞。

不過，三三吾鄉皂的故事絕非才子開天闢地的神話，而是講述一隻手怎麼拉起另一隻手，跨界牽起學校、產業、政府、在地小農及身心障礙機構的橋樑。此刻二十六歲的他強調，社會企業要做到永續，持續走下去的方法無他，就是學會自立自強！

瀟灑陽光的社工系創業家

尹又令生於一九九三年台中，畢業於台灣大學社會工作學系。原本他的第一志願是台大法律系，但因為數學多錯一題，以一題之差與法學院失之交臂。選擇社工系則源自對心理諮商有興趣，基於台大沒有心理諮商相關科系，而心理系隸屬理組，他便選擇了性質相近的社工系。

「唸社工後，才發現心理諮商與我想像不同，反而是社工的概念與方法，以及接觸的個案，讓我有不斷前進的動力。所以後來才投入身心障礙領域與社會企業。感覺這幾年的一切都是許多機會與巧合碰在一起。」

纖瘦的他總是掛著靦腆的笑容，也許是一張 Baby Face 加上輕鬆打扮，當他自我介紹是創辦人時，一切讓人有些意外。直到開始應答問題後，馬上能發現他思路敏捷，而且遣詞用句非常精準俐落。

「非常聰明！」台新銀行公益慈善基金會執行長郝名媛說：「又令就讀台大社工系，又是系學會的會長，比一般學生更早展露統御能力。台大學風自由，他關心很多社會議題，並擁有獨立自主的想法。通常社工系學生欠缺商業思考能力，認為社工是助人的事業，比較偏向對人的服務。但他願意跳脫既定的專業去成立社會企業，並用商業模式去發揮助人事業，這是很特別的發展。」

是什麼讓熱血青年的路變得如此寬闊不同？故事得追溯至他與台新銀行的緣份。

尹 又令

台灣大學社會工作學系畢業，2015 年榮獲台新金控舉辦的兩岸頂尖學校 CSR 交流優勝團隊、實踐家文教基金會亞洲區 DBS 創業學院與競賽優勝，2015 年創立社會企業三三吾鄉皂 TRISOAP。

二〇一五年二月，台新金控舉行兩岸頂尖學校企業社會責任（Corporate Social Responsibility，簡稱 CSR）交流，邀請北京清華大學及台灣大學的學生共同研究「如何協助社福團體轉型社會企業」。為讓學生深入了解台灣社福團體的運行現況，同時了解台新在公益慈善的作為，安排七天行程到台東縣政府社會處及社福團體參訪，並邀請經濟部中小企業處政策規劃組專門委員蔡宜兼、台灣尤努斯基金會董事長蔡慧玲、陽光基金會經理楊智安及交通大學教授林崇偉等產官學界的社會企業專家，分享社會企業的概念與案例。

除了參訪與演講，這個活動也以競賽形式鼓勵學生用社會企業角度提案。當時兩岸學生共二十人，劃分兩組。尹又令表示，對方陣營提出餐飲方案，他所屬的組別則以手工皂為題，並以「市場嫁接及可行性高」勝出。交流活動結束後，他找回所有同組的台大同學，討論如何將計畫付諸實行，之後留下的五名成員組成最初的團隊，幾年後只剩他一個人延續這份事業。

不同於其他聯誼性質的學會，他在擔任台大社工系系學會會長期間舉辦過許多具議題性的活動，例如在街友周培訓街友作畫，路人只要在自動販賣機投錢，就能獲得街友的畫作，此外也倡議老人周與偏鄉志工服務，並領導、參加同志遊行等各類型社會運動，積極以知識力量介入社會、影響社會。

有縝密的思考計畫，並重視實際操作解決問題，這是尹又令的一貫作風，也難怪當他在台新金控兩岸頂尖學校 CSR 交流活動，看見可發展手工皂社會企業時，會毅然決然地往前衝。

「原以為一畢業就要投身社工界，殊不知在大三就變成創業家。還沒畢業就要創業，同學都用驚訝的表情看我。」他的父親倒是大力支持，當初為他命名「又令」即寄寓「領導眾人」之意，因此雖非出身富家子弟，但爸爸仍然義不容辭地借出第一筆創業資金，家人的支持也讓他銘記在心。

為了展現創業的決心與行動力，尹又令花費半年時間考取台灣手工皂推廣協會師資證明書，他說：「如果技術要靠外部，未來創業會有很多問題，研發階段也會增加成本。而且不能只會做皂，還要有教學能力，才不會給人只是『做肥皂的大學生』的印象，會一點公信力也沒有，而且合法證照更有助於加值信任感。」

◆◆◆

小型作業所及庇護工場是社區日間作業設施，都是培養身心障礙者進入職場的途徑之一。為提升社會適應能力與生活品質，小作所以作業活動為主，休閒活動與生活學習為輔，因此尹又令在二〇一五年列出小作所發展商品的六大困境：

第一：研發不足，產品欠缺競爭力，沒有主打商品或做出差異化。

第二：行銷薄弱，成員多半來自社工或特教背景，缺乏商業、行銷或公關等專業技能。

第三：欠缺通路，社福團體缺乏銷售管道，線上線下都難以開展。

第四：產能不穩，身心障礙人士的手工畢竟比不上機器產能，常擔心接了小單業績不足，但大單來了更煩惱無力生產、開天窗。

第五：人力吃緊，一個教保老師平均要顧六～七個孩子，一個社工約帶二十位學員，專

身心障礙學員透過製
作產品，獲得自信心。

業人力不足。

第六：慈善行銷，以苦情攻勢賣愛心，這也是最嚴重的問題，無法獲得市場認可。

「我參加過很多台新銀行公益慈善基金會舉辦的微光課程或工作坊，但之後就被繁忙的工作淹沒，也沒有時間去實際執行。更別提小作所的工作人員，他們除了要面對一般日常照顧，還有核銷經費、專案計畫、家訪及跟家人溝通會談……等行政工作，還要解決各種突發狀況，項目非常繁雜。」

面對小作所的重重難關，他該如何一一突破呢？

萃取在地，聯結小作所與在地小農

知道手工皂市場趨近飽和，為什麼還要賣皂？尹又令頓了一秒，笑著說這是個很好的問題。

首先從技術面切入，冷製法的手工皂至少可拆成十二道工序，這些細部工作包括：攪拌、秤重、修邊及包裝……等動作，都會有助於孩子在重複操作過程中，訓練手指靈活度，是一種復健活動。相較於其他品牌會使用大型機器大量生產以降低成本，三三吾鄉皂則選擇將技術完整轉移，交給身心障礙學員去生產。

再者，小作所學員們都有既定訓練，如果要更改培訓其他技能，勢必要額外投入可觀的時間及金錢。另外，基於現行法規限制，依衛生福利部食品藥物管理署規定，手工皂被列入為化粧品品項，成分及標示須符合化粧品相關規定，且不得有廣告不實、誇大或涉及療效。且從事手工皂製造、加工者，不能再生產其他產品。如果想發展其他商品，要取得相關認證也不容易，且各項認證費用也是筆可觀的費用。

在多方考量下，三三吾鄉皂的商業模式以解決社會問題為出發點，以不同形態、顏色及造型的手工皂來做產品區隔，而品牌命名源自於三種元素：社福團體（身心障礙族群）、在地小農及社會企業。經過多年耕耘，目前合作的台灣在地小農超過二十家，服務的小作所多達六間，有超過一百位身心障礙學員參與。

◆◆◆

在眾多夥伴中，位於台東市的李勝賢文教基金會是第一家陪伴三三吾鄉皂成長的社福團體。牙醫師李勝賢因長子於六個月大時因腦膜炎導致腦部障礙，從此他投入經營心智障礙家長團體。未料一九九七年六月因發生車禍不幸身亡。為延續李醫師遺志，家人毅然捐贈賠償金成立文教基金會，致力辦理身心障礙服務業務及輔導等相關業務，二〇〇〇年開始承辦心智障礙者社區日間作業設施計畫，此外還有社區家園、餐飲庇護工場、多元就業及老人送餐等服務項目。

台東的春天一大早就亮晃晃的，越近中午越發燠熱難耐，李勝賢文教基金會教保員許晴怡摘下工作帽整整頭髮，解釋台東天氣其實對養皂很不利，有時氣候太潮濕，肥皂會變得黏黏膩膩，還得開除濕機讓皂吹冷氣，「照顧手工皂比照顧小孩更難！」

許晴怡，台東人，從護理轉醫藥管理科畢業後，因常接觸生離死別的沉重，於是在二〇一五年底加入李勝賢文教基金會帶領一群身心障礙學員。小作所分手工皂製作組及二手商品組，學員每天早上八點半到班報到，做完早操後開始工作四小時。分組方式則採學員興趣與能力，其中手工皂組要經過界定後才決定從哪個步驟開始，透過攪皂、修皂及刨皂絲等工作項目來訓練手部肌肉。

工作室裡，每個人都穿上圍裙，包著頭巾或戴上防塵帽，許晴怡帶著學員倒入食品級天然植物油、添加氫氧化鈉，再由學員們每人輪流攪拌皂液，大夥兒一起數數計算時間。到了靜置步驟，許晴怡為確保安全，會親自將高鹼性的皂液端進保溫箱。當她端起大鍋子時，全場的學員都齊聲為她打氣：老師，加油！老師，加油！老師，加油……

她說做手工皂雖然很療癒，其實更療癒的是這群單純的孩子。

「團隊裡每個人有不同專長，喜歡做的事也各自不同。雖然無法獨立完成手工皂製作，但都會全程參與。孩子們希望被認可，回家後可以跟家人分享今天發生了什麼事。如果量油、刮皂不順利，或是包皂時發現裡面有空氣，也會很挫折；如果做好時被稱讚，也會非常開心！因為孩子都喜歡被誇獎。」

為了避免孩子退化，李勝賢文教基金會透過評分機制提供獎勵金，鼓勵學員勤奮學習，此外也抱持開放心胸與台新銀行公益慈善基金會引介的三三吾鄉皂合作，勇於嘗試不一樣的機會。回憶尹又令的團隊，許晴怡大讚：「都市來的孩子就是不一樣，思考及流程設計的速度非常快，討論出來的內容都讓我非常驚訝，因為有些真的不容易克服。當有問題要解決時，又令都非常有行動力，且親力親為。看到他這麼細心又有熱誠，自己的熱情也一併被燃起，每次他來都像是很久不見的朋友。」

許 晴怡

從護理轉醫藥管理科畢業後，有感臨床時常接觸生離死別太沉重，於是在 2015 年底加入李勝賢文教基金會帶領一群身心障礙學員。

李勝賢文教基金會是
第一家陪伴三三吾鄉
皂成長的社福團體。

為了促進更流暢的協作過程與精準的下單評估，尹又令在創業初期時常往返台北、台東，到小作所測試學員的作業成效，並了解工作實況。談及代工時面臨的挑戰，許晴怡說，身心障礙學員效率慢一些，且法規規定一天只能工作四小時，經過不斷測試，才找出最理想的工作人數與時間配比。此外，過往學員使用保麗龍箱保溫，經反映後增加保溫箱設備，保溫時間也可以大幅縮短。

手工皂經脫模、裁切完成後，還需經過約三十三天的晾皂期，讓氫氧化鈉揮發得更理想，洗起來會更溫和。測試完成才從台東寄送至台北，繼續執行後續分裝工作。因路途遙遠，運輸過程中難免碰撞，這些不合格的瑕疵品就列為贈品。另一方面，基於城鄉差異，尹又令為每個縣市的小作所安排不同的分工方式，例如台北屬於都會型的小作所，主要做切模、秤量、包裝等後續加工，不製作手工皂，而婚禮小物也是在大台北區進行。

◆◆◆

和手工皂一樣，人也需要熟成，經驗不足會影響判斷力，而青澀的臉龐在職場上不免受到質疑。

尹又令遇到類似的麻煩，吃過幾次閉門羹，他說，新創單位沒有名氣，社福團體未必願意合作，再加上還是學生身份，對方不認為你要認真成立公司，以為只是大三學生做作業，合作意願也就不高。話鋒一轉，他又精神抖擻地說：「不過年輕也有好處，找當地的青農洽談合作時，年輕人多半會支持年輕人。通常我會直接找重要人物，再由對方轉介其他農作物小農。台東人很熱情，他們不是口頭給資訊而已，常常說著說著就直接開車載你去找其他人的農田。」

目前三三吾鄉皂合作的在地小農包括：釋迦小羊牧場、小農食在、高家米倉、台東自然主義及台東薑黃伯等。在超過十六款產品中，以台東系列銷售最佳。譬如「田靜山巒禾風皂」主要原料為池上米，「洛神紅麴旅用皂絲」選用台東的艷麗珍寶洛神花，另外還使用釋迦、金針花絲等台東代表性物產做為原料。

「要把農產品入皂不難，難的是提煉。我們嘔心瀝血花費大量時間去測試蒸餾、萃取不同提煉方法，並改變不同素材的組合。譬如池上米不能直接丟米粒，而是要用清殼熬成米湯，選用池上米的米糠入皂是不斷測試後所得到的方案。」研發時也發現，皂化反應（Saponification）易使天然植物色素產生變化，使洛神花的豔紅與金針花的燦黃都變了樣，解決辦法是結合其他天然成分，例如在洛神花款添加紅麴粉，如此就能保有討喜的色澤。

尹又令先從台東出發，成功後再複製模式到其他縣市。每個縣市研發三款具在地特色的單品手工皂與三款旅用皂絲，並延伸出禮盒商品。產品本質好是好，但一個名不見經傳的新創品牌，究竟要如何吸引消費者的目光呢？

轉動資源不斷研發，建立品牌永續性

二〇一七年三月，品牌成立第三年，有消費者在他們的臉書粉絲專頁打了四顆星說：「一用就知道是用料扎實的好品質，觸感柔嫩滑順，可是價格如果可以再低一點，更完美了。」原來扣掉的一顆星是嫌價格不夠親民，只見小編回覆：「關於價格是經過多次的調查跟討論，相信帶有品質跟故事的好產品是值得有漂亮的價格，才能讓我們有能量繼續奮鬥下去！」三三吾鄉皂一顆定價三百元，而坊間有品牌的手工皂價位大約落在二百五十元～三百元之間，如果被認為價格不夠實惠，那很可能是代表品牌價值還沒被市場認識或認可。

尹又令說，社福團體缺乏商業培訓，很難從販售中獲取利潤，倘若沒有能力提升價格，而只是單靠慈善銷售，消費者可能只願意掏錢一次、兩次後就不會再買。「定價除了有永續化、商業化的考量外，也顯示與知名品牌的競爭力。我們的目標是在品質、包裝……等各方面，呈現和知名品牌一樣的專業水準。」

◆◆◆

當初參與調研活動時，十名有志青年協同發想社企方案，而尹又令是唯一持續付諸實行的人，也是因為夠堅定，身旁的貴人才會接連出現為他指路。其中與台新銀行公益慈善基金會的連結，不僅孕育出社會企業模式的雛形，後續也為品牌不斷挹注豐富的資源，關鍵項目包括：引薦李勝賢文教基金會，開啟與其旗下的小作所合作；引介陳怡安手工皂提供諮詢，開始摸索冷製法技術；推薦參加實踐家文教基金會的創業家培訓，以及介紹媒體曝光機會，例如拍攝客家電視台紀錄片《創業，有事嗎？》，該系列入圍第五十二屆金鐘獎人文紀實節目獎。此外，台新也定期與三三吾鄉皂團隊開會討論創業進度與產品設計改良，並安排課程培訓、主持工作坊或演講機會、以及年節採購支持……等。

台新銀行公益慈善基金會執行長郝名媛一直是催生的推手，起初郝名媛建議手工皂鎖定的販售對象是台東的民宿業者及遊客，但塊狀手工皂成本過高，如何給房客體驗香皂又不浪費是一大課題。團隊一度考慮推出皂絲瓶，但這麼做一來瓶身容易黏膩，二來皂絲倒到手上後一沖水就散開了，搓洗不便，因此與台新反覆討論後，終於改良成茶包似的牛皮紙袋小包裝，送禮自用皆相宜，也更符合環保概念。此外，綠色經濟是不容忽視的創業趨勢，果然「旅用皂絲」產品推出後，頗受年輕族群歡迎。

至於實踐家文教基金會的創業家培訓課程，在冶煉概念、廣結人脈與建立商業模式上都給予極大助益。尹又令說，當時他特地跟學校老師請假到花蓮參加培訓，研習共一個禮拜、每天十二小時。四十位來自全亞洲的學員大多是三十～四十歲才出來創業的公司負責人，也都先累積一段工作經歷，唯獨他是個還沒畢業的大學生。

「我看到非常多成功的實例，也在交流過程了解很多前輩成功的關鍵。發現每個創業家都不只創業一、兩次，體悟到搞懂商業模式很重要。當時覺得就算三三不幸失敗了，我未來也會成功。」

◆◆◆

台東縣政府社會處處長
陳淑蘭與前處長曹劍秋
認為，尹又令帶著小農
共同成長，並創造在地
福祉，為社會企業打下
良好的基礎。

三三吾鄉皂的品牌標誌讓人一眼辨識「結合在地小農」的本質，而輔以金針花、洛神花、池上米及釋迦等象徵台灣農作物的元素，讓消費者可以感受到大地及自然，並產生情感的連結。

為了瞭解市場的遊戲規則，尹又令做過無數次市場調查及品牌研發區隔。先是透過問卷、經營社群等方式詢問消費者的意見，同時與產品設計師共同進行動腦會議，討論如何讓商品跳脫市場同質性，在包裝、網站設計、建置搜尋引擎優化（SEO）上都花費諸多心思，並持續不斷修正路線。選擇冷製工法是因為品質好，且保存期限最長；肥皂塊與皂絲兩種型態最受市場青睞；為避免人體對香氛過敏，原先採「無香」，音韻也雙關品牌名稱中的「吾鄉」，在經過消費者反映後，修正為在旅用皂絲添加精油賦予淡雅香氣，增加嗅覺好感度後也提升市場性。團隊的商業邏輯越來越清楚，並逐步建置SOP制度。

◆◆◆

青年創業家也不忘爭取政府資源！在台新與客家電視台的鼓勵下，三三吾鄉皂申請進駐「TTMaker台東原創基地」，並獲得補助經費。TTMaker台東原創基地是全台灣第一個結合創意、創新、創業及創生的創業輔導與育成基地，期望聚集創業團隊為台東擴展觀光、農業、地方、文化、教育及社福、醫療等多元面向的價值。

進駐至今三年多，三三吾鄉皂在這個基地結識其他創業團隊，與許多在地小農和消費者交流，尹又令說，善用在地元素借力使力，推廣在地銷售會更有利。另一方面也致力於教育推廣，TTMaker 曾為在地小學生舉辦暑期創新營，擔任社會企業教育講師的尹又令對小朋友天馬行空的想像力印象深刻，猶記有孩子畫「會吃垃圾的機器人」企圖解決台東面臨的環境污染問題。

◆◆◆

尹又令事業在台東起步，加上志願到台東縣政府社會處擔任替代役，在服役期間從不同角度切入觀察案例處理與相關政策制定，這裡彷彿是他的學校與娘家。談起三三吾鄉皂，台東縣政府社會處處長陳淑蘭與前處長曹劍秋都對他的發展刮目相看。

「尹又令幫小作所與小農找到更大的市場，他沒有忘記台東，台東因此有起步。」二〇二〇年轉任國際發展及計畫處處長的曹劍秋觀察，尹又令從學生時期就對社福團體很關心，但是選擇用商業經營手法為社會企業開闢新道路。政府有許多輔導產業的機制，面向主要是連結資源，幫助新創企業尋找市場或銀行融資。他強調最重要的還是人才培訓，有像台新銀行公益慈善基金會的全方位扶植計畫，事業起步就能順利許多。「又令的策略沒錯，社會企業不是賣同情，而是要回歸市場機制，用優質產品與其他對手競爭，並獲取消費者的認同及信賴。」

從社工一路耕耘晉升的陳淑蘭則表示，與一般企業無異，社會企業必須營利，也必須結合跨領域的專業人才。「又令帶著小農與社會福利團體共同成長，進到市場跟其他產品競爭，並創造在地福祉，為社會企業打下良好基礎。在建立方針、穩固事業體後，又培植新的在地小農與弱勢身障者投入。期待未來與台東繼續協力共好。」

建皂社福，精緻化的群體提升

正因走在一條鮮少人走的路，並成功開啟了市場，尹又令時常受邀至學校演講，亦曾赴香港、新加坡等海外城市分享經驗，或是主持社區培力工作坊。打開眼界後，他對台灣自由開放的環境，以及建構的身心障礙政策、奠基社會福利基礎……等都格外珍惜。他有感而發：

「在海外交流時，我每每見證台灣的創新，台灣社福體系雖然落後歐美二十年，但身心障礙者體系在亞洲卻是數一數二，像是小作所與社會企業合作的模式領先許多亞洲國家，東南亞的身心障礙兒多半關在家裡，難以出門互動，更別說是拿到工作機會。在我們出現前，很少人可以想像身心障礙的孩子竟然可以把手工皂做得這麼精緻、包裝得這麼好看，每次拿出產品跟人互動時，看到大家驚訝的表情，就是我最有成就感的時候！創新可以讓更多人看見。」

此外，尹又令也不忘提醒大家多了解、關心台灣的社福體系，並尊重社工的專業，共同提升更好的環境。

◆◆◆

現在只要在網路搜尋引擎打「公益婚禮小物」，馬上就能在第一頁找到三三吾鄉皂。這完全沒有花錢做廣告，全是靠SEO與消費者的正面評價，優異的表現也讓品牌找到明確的市場定位，而婚禮小物就是他們最具競爭優勢的市場。團隊先跟婚顧公司談合作，得到品質與理念認同後，再逐漸擴及其他婚禮產業鏈，例如婚紗、婚攝、婚禮飯店與禮餅……等，二〇二〇年更談到與台北文華東方酒店合作「2020日日好婚日」公益支持專案。

尹又令透露，直到創立第四年公司才開始獲利。「感謝台新集團及台新銀行公益慈善基金會，在幾個二十多歲小蘿蔔頭上花費很多心思，並且把功勞都歸給我們，同時也感謝家人與社福團體願意在一開始不太確定的狀態下鼎力支持，同心協力開創新企業。」

李勝賢文教基金會董事長陳美蘭表示：「對的事情，要堅持做下去。又令是個有為青年，很有想法也很有行動力，要繼續努力下去。」教保員許晴怡則說：「年輕人很有衝勁，願意嘗試創新。我看到三三吾鄉皂的包裝眼睛都會發亮，要一起陪伴身心障礙社福團體走一段更長遠的路。」

除了建立三三吾鄉皂，也幫助培植以烘焙為核心的副品牌「樂芽」，並招收社工或商業背景的實習生，未來計畫繼續到其他縣市尋找適合合作的社福團體。

尹又令說：「每次和孩子互動，都讓我更堅定走這條路。我們是草根型，從學生時代就開始耕耘，自立自強最重要！」●

善的迴響

一、「愛的力量」平台對於您個人和機構有哪些關鍵性影響？

台新提供了許多資源協助，如行銷、課程、顧問、媒體等等，都成為我們創業時期的重要奠基與養分。

1. **拓展人脈**：促成更多產業鏈上下游合作。
2. **社福調研**：透過實際調查研究，了解更多實務界社福團體遇到的問題。
3. **品牌曝光**：與品牌聯名，增加更多曝光與行銷觸及率。
4. **媒體資源**：透過台新協助媒合，獲得電視、雜誌等諸多媒體報導。
5. **企業媒合**：透過台新曝光，讓更多企業看見我們的產品，進而採購推廣。

二、透過台新公益平台創立社會企業後，是否有自發性的創造或改變？

1. 透過平台我們不僅認識更多公益界的夥伴前輩，同時更點燃了我們務必要將三三的社會企業模式做出來的決心。
2. 在愛的力量平台當中，我們認識了許多來自台灣各地的小型社福團體，發現大家都遇到當初調查研究時相同的問題，更進一步證實目前的模式對於各小作所是有迫切需要且有幫助的。

三三吾鄉皂
TRISOAP

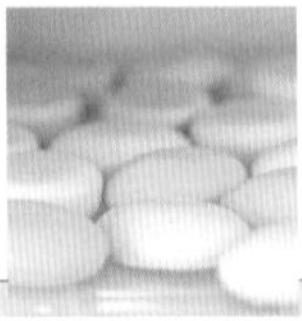

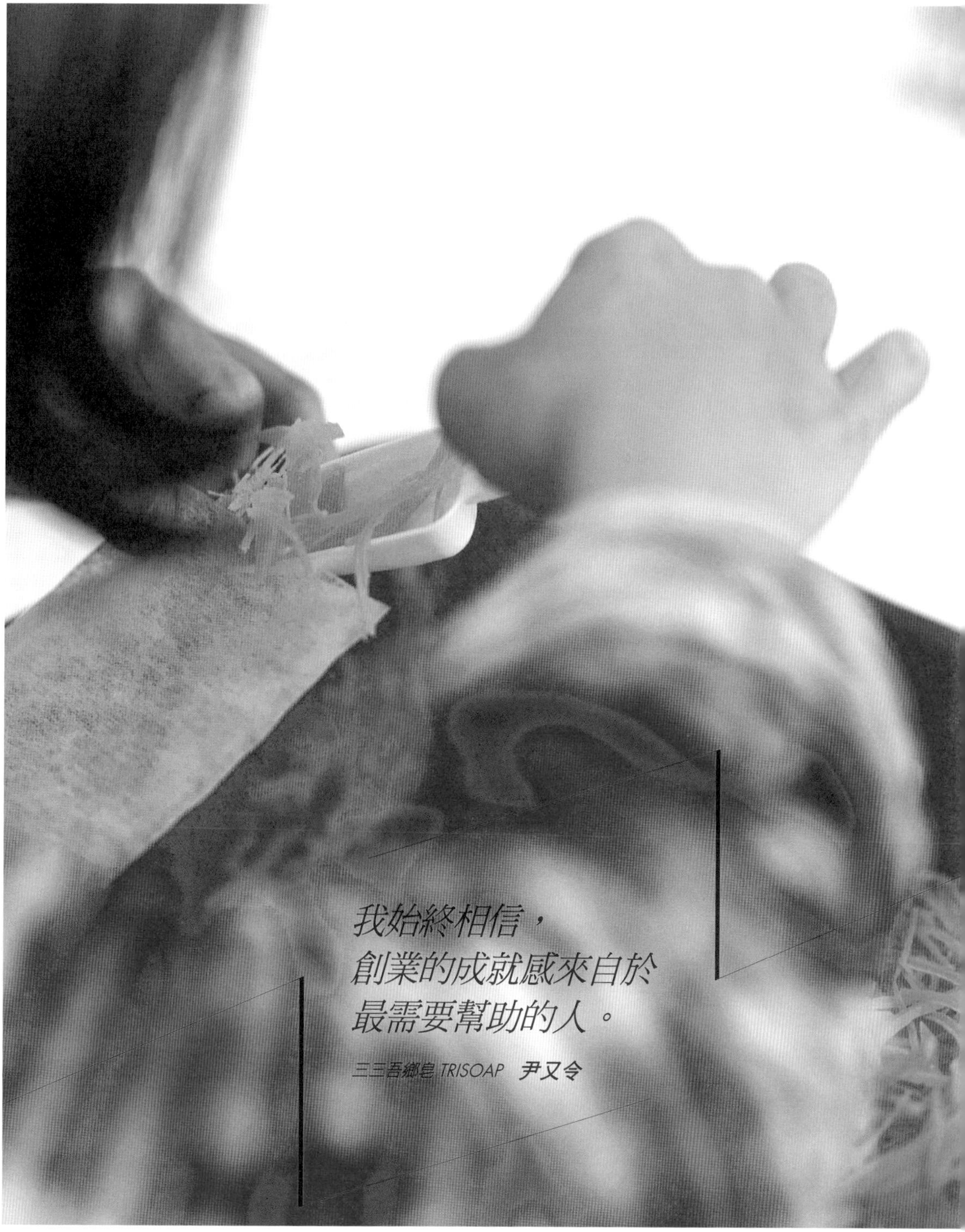
我始終相信，
創業的成就感來自於
最需要幫助的人。
三三吾鄉皂 TRISOAP 尹又令

後記

看見愛的力量

台新銀行公益慈善基金會

台新銀行公益慈善基金會於二〇一〇年成立，是台新集團繼台新銀行文化藝術基金會後的第二家基金會。成立時曾做過許多研究，我們發現台灣每年有高達新台幣四百億元以上的愛心捐款，卻都流向於宗教或大型社會福利機構，而許多中小型非營利組織卻因不懂行銷、缺乏知名度，而造成資源不足，於是在吳東亮董事長指示「運用創新思維，利用現代科技做公益」，全台灣第一個大型公益票選平台──「您的一票，決定愛的力量」就此產生。

與你一起，讓愛發生

「您的一票，決定愛的力量」主要是由社福團體或個人至平台提案，提出一年內可完成的方案或計畫。經過初審後，每年十一月邀請民眾上網票選，每人有十票可以支持不同的單位，之後依票選名額順序取得公益基金。獲得公益基金者，必須於隔年執行並在網路上結案。簡單的三個步驟：提案、票選及執行，教導非營利組織學習網路、宣傳及責信，而且過程、結果皆透明化。其目的在建立培養「人自己站起來」的能力，延續「關懷台灣系列」給魚吃、不如給釣竿、教釣魚的精神，創新公益扶助典範。

二〇一〇年第一屆「您的一票，決定的力量」活動，由台新同仁擔任的志工開始打電話邀請社福團體報名參加提案。許多志工都反映被掛電話，因為是第一次，還有人以為是台新的業務行銷，或是假冒台新的詐騙集團，在毫無宣傳下，憑著這些一個又一個的電話邀約，當年有二百零四家團體來報名。

認真，讓愛串連

十年來，平台提供二億元以上公益基金資源，超過二千五百家以上團體或個人參與提案，有九百九十五家以上團體或個人取得基金，逾三百八十九萬以上人次受惠。累積超過二百二十萬人上網參與投票，總投票數達七百六十萬票以上，這數字都代表了民眾、非營利組織、企業及各基金會的集體努力，打造台灣成為善的社會。

平台也從只有台新，逐年擴增策略夥伴：研華文教基金會、中華電信基金會、王月蘭慈善基金會、台灣尤努斯基金會、聯合報系願景工程、老人福祉協會、众社會企業、國立中央大學公益傳播中心及BIG行動夢想家基金會。其中特別感謝曾經參與的法藍瓷、志玲姊姊慈善基金會、實踐家文教基金會及信義公益基金會，他們都還在不同領域發光發熱。

而企業天使團，截至目前已有一百二十二家投入資源。另外，有五十七家在活動中累積五年取得公益基金後，即要晉升為畢業團體天使團，加入平台並協助其他弱勢團體。可以說，公益生態圈日益茁壯。

投下希望，讓愛飛翔

十年來，我們最常被問到的是，為何要用票選活動來分配公益款項，讓非營利組織勞師動眾，且許多組織根本人力不足，要如何參與？促票好辛苦，為何不找專家學者來評審，直接提供經費比較省事？未入選的組織怎麼辦？但如果沒有這個活動又如何能讓非營利組織開始靠自己能力說故事，行銷自己並用結案報告上網公告來對社會負責呢？從培養自立的角度來看，這三個環節是經過深思熟慮的必要自立策略，而非只用來分配資金。

十一月促票成台灣愛心月

創建「您的一票，決定愛的力量」平台，我們希望每年十一月可以打造為台灣的愛心月，讓「需要幫忙」的非營利組織及「我要幫忙」的捐善人都能在這個時期動起來。非營利組織可以集中能量整理人脈、捐款人名單，動員募款、募資源、募志工、募知名度及對外發聲、以及訓練說故事的能力，籌募來年的財源及資源；而捐善人，可以透過平台來認識非營利組織，捐款、捐資源或捐時間，更可以用投票行動支持非營利組織，這正是社會協作的經典範式。

首創網路社群媒體宣傳

在二〇一〇年臉書方興未艾時，基金會看準非營利組織沒有資源做傳統廣告，卻可以利用網路無遠弗屆，社群媒體免費、快速的特性來改變以往宣傳的限制。且不管是提案或投完票後，皆可以用臉書、LINE及QR CODE分享給其他人，讓公益簡單做，只要滑滑手機及動動手指就可完成，因此採用社群平台，做為行銷票選，正是考量小型非營利組織的特性而來。

最嚴謹的網路公益投票

而投票必須綁定臉書及手機帳號，採取雙認證方式，就是要確保活動公平性，這是台灣目前最大，也是最嚴謹的公益票選活動。隨著時代脈絡前進，從二〇二〇年起也加入LINE帳號驗證。目前坊間有許多公益補助活動，除了產官學評選外，也加入票選的計算，或許也是受到「您的一票，決定的力量」的影響。

未入選還有其他資源

用票選獲得公益基金只是參與的手段，對於未入選團體，除有增額錄取及專款專用的機會外，也會轉介天使團。導入台新志工或運用校園公益、藝起做公益、微光計畫的培力工作坊來加強協助團體取得資源或競爭力，只要想要自立自強的團體，我們都衷心認真協助。

校園公益

常年與中國文化大學廣告系進修學士班合作，協助社福團體進行商品包裝設計、行銷及品牌建立，協助老兵口述影像紀錄。與度度客及淡江大學合作，協助至群眾募資平台募款。與實踐大學媒體傳達設計學系合作，由曲家瑞副教授指導學生創作活動主視覺。邀請北京清華大學與台大學生進行兩岸頂尖學子CSR交流。也與康橋國際學校家長合作，與偏鄉學生進行城市交流。美國矽谷扶少團至台東進行社福參訪交流等。將公益觸角延伸至校園，讓學生接觸社會公益。

藝起做公益

台新銀行公益慈善基金會也與台新銀行文化藝術基金會合作，邀請美術館、藝術家參與公益活動，書法義賣、協助社福團體進行彩繪外牆、設計商品包裝及藝文欣賞。NSO、台北愛樂及灣聲樂團不定期提供音樂欣賞票券。其中灣聲總監李哲藝除把樂團搬至社福團體演奏外，更與社福團體共同至台新旺年會演出，體驗與專業樂團的合作。另台新長期贊助的南投空手道隊，更是每年暑假帶隊前進社福團體進行打掃及互動交流。「藝起做公益」不只是藝術的交流，也不只是才藝或技藝的分享，更是生命品質的提升！

● 微光計畫

每年微光計畫的培力工作坊是所有非營利組織最引頸期待的課程，量身打造舉凡數位、攝影、影音行銷、溝通、社會影響力、財務及領導人高峰會……等，皆由一流名師傳授。新冠肺炎疫情時期，更開闢線上及直播課程，發揮創意讓學習不中斷，不受疫情影響，透過工作坊，給非營利組織全方位的培力。

小小微光，點亮台灣

不只邀請非營利組織動起來，台新員工也是活動的亮點。

台新集團（含子公司）員工都是「您的一票，決定愛的力量」的志工，採取認養社福團體一條龍服務。活動前，除電話書信邀請外，也協助團體報名及撰寫提案內容；活動中（投票準備），教導團體利用各種方式行銷，運用結盟或參與全省快閃促票；活動後，入選團體會定期探訪及協助完成提案，而未入選團體則會努力轉介其他資源。

吳東亮董事長及夫人也親力親為，經常參與台新志工活動，台新志工及眷屬的足跡踏遍台灣各縣市，且近年來更發展員工旅遊變成志工員旅，舉辦各種創新又有趣的志工活動，如教盲友攝影、收集書籍進行社福團體間漂書、陪讀、至偏鄉教導兒童理財、到香草園種植香草做香包、去庇護工場、小作所做烘焙或手工皂、集體彩繪育幼院外牆及邀請知名歌手至社福團體歡度聖誕節……等。尤其在每年十一月，在全省促票活動中，皆可看見台新志工穿著紅背心的身影在各處協助團體促票。

此外，平台上所有的捐款都來自於台新的董監事、客戶及員工，都是專款專用，且當年募來的款項都要當年捐出，完全沒有用於行政或行銷支出。吳東亮董事長特別囑咐，每一分捐款都要謹慎並妥善分配，要通知捐款人捐款流向，給了什麼團體、用於什麼方案，且團體在網路完成結案時，也會再次告知相關資訊，讓捐款更具公信力，而且也促成捐款人可以關心受捐團體。

傳遞愛，愛傳遞

由十年前開始，吳東亮董事長率先倡議，全方位支持及親力親為實踐，已經開始了企業行善的新頁，這十年的歷程讓我們認識許多非營利組織、社會企業的領導人，《屹立：愛的力量十年友成》這本書的人物，是眾多人中的幾個代表，礙於篇幅，只能摘錄十篇愛的茁壯傳奇，請細細品味這些用生命力轉動社會真善美的故事，體會讓人站起來、不一樣的慈善力量。

我們相信，只要是善，透過愛必然可以成就助人的事業。走過十年，我們看見愛的力量，交出一張「屹立」成績單。現在，我們已驅動未來，請繼續與我們一起前進，讓愛擴大傳遞！●

屹立

愛的力量十年友成

撰　文　蔡舒湉
攝　影　張家瑋
圖片提供　台新銀行公益慈善基金會、高雄三山脊損重建協會、臺南市鼓樂協會、花蓮縣老人暨家庭關懷協會、資策會

編輯顧問　鄭家鐘
總編輯　郝名媛
執行編輯　張瑋珍、彭筱瑜、劉賢章

企劃製作　商周編輯顧問股份有限公司
專案經理　董育君
專案主編　段芊卉
美術設計　江宜珎
企　劃　鄭亦庭
地　址　台北市中山區民生東路二段一四一號六樓
電　話　(02)2505-6789 分機 5531
傳　真　(02)2500-1932
輸出印刷　中華彩色印刷股份有限公司

發行人　吳東亮
出版者　財團法人台新銀行公益慈善基金會
地　址　台北市大安區仁愛路四段一一八號十五樓
電　話　(02)5576-2309
網　址　www.taishincharity.org.tw
二〇二〇年七月初版
定　價　三六〇元

與你一起，讓愛發生

國家圖書館出版品預行編目 (CIP) 資料

屹立：愛的力量十年友成 / 蔡舒湉撰文 . -- 初版 .
-- 臺北市：台新銀行公益慈善基金會 , 2020.07
面；　公分
ISBN 978-986-99334-0-7(平裝)

1. 社會企業 2. 公益團體

547.9　　109010253